中野本町の家

後藤暢子　後藤幸子
後藤文子　伊東豊雄

住まい学エッセンス　平凡社

中野本町の家　目次

インタビュー　聞き手・鈴木明
後藤暢子　13
後藤幸子　47
後藤文子　91
住宅の死をめぐって　伊東豊雄　121
付論
白い環　伊東豊雄　166
プランの変遷　131
家具・照明　142

シルバーハットへのデザインプロセス　154
「中野本町の家」データ　178
あとがき　後藤暢子・後藤幸子・後藤文子　183
新版あとがき　伊東豊雄　185
解説　西沢立衛　191

中野本町の家

本書は一九九八年、住まい学大系の一冊として
住まいの図書館出版局より刊行されたものです。

インタビュー

聞き手　鈴木明
建築・都市ワークショップ

＊　このインタビューは一九九七年三月、ベルリンでおこなわれた「ヴァーチャルハウス」のプレゼンテーションのためにビデオ収録したものである。文章としてわかりやすくするために若干手を加えているが、話の趣旨は変えていない。

後藤暢子

一九九七年二月十九日、青山の仕事場にて

後藤　あの「中野本町の家」は、じつはわたくしの生活に大きな変化の生じたときにつくられたのです。夫が一年半ほど入院生活を送った末に亡くなって、その直後に建てた家です。ふたりの娘は、そのころ小学校の三年生と四年生でした。

それまで住んでいたのは港区内の高層アパートでしたが、わたくしはもともと高い場所があまり好きではないので、地べたに降りてきて暮らしたい、と以前から思っていました。でも、中野に住宅を新築することになったのは、いくつかの偶然の結果です。

まず、わたくしの実家の隣の空き地が売りに出されたこと。それから伊東に設計を頼むことになったのも、これまた自分の実弟が建築家で、まだあまり仕事もない状態でいたからなんです、ほんとうは……（笑）。……ともかく、そうした偶然が重なっただけのことで、とくに伊東を設計者に選んでこういう住宅を建ててみたい、といった特別の希望があったわけではありません。すべてがごく自然の成り行きでした。

とはいっても、新しい家を建てたときに消費した自分の内的なエネルギーは非常に大きかった、といまにして思います。もしも夫が元気に生きていて、夫婦の語り合いが事前にあったとしたら、たぶんあの「中野本町の家」は生まれなかったでしょう。それほどにひとりきりのわたくしが自分のすべてを投企した建物でした。

年齢でいえば、わたくしが三十七歳から三十八歳、伊東が三十四歳から三十五歳にかけて……つまり三十代半ばの伊東とわたくしがつくった住宅です。

地形がちょうど二〇メートル四方の正方形でしたから、設計者は、そこにいろんなプランを考えることができたでしょう。

わたくしのほうは、まだ四十歳になったばかりの夫が働き盛りで一日でも長く生きていたい、最期まで生きていたいという意志をもちつづけながら、それが叶わなかったその姿を一年半、ただひたすらかたわらで見ていたということは、わたくしにとってとても深いこと、「生命とは何?」と問うほどのことでした。ですから、わたくし自身と遺されたふたりの娘たちがこれから住む家を新しくつくるというときに、住み心地のいい、いわゆるマイホーム的な住宅のイメージがまるで浮かんでこなかった。「どんな家を建てたいの?」と伊東に訊ねられても、その問いに対するわたくしの答えは一般的なクライアントの場合とはちょっと違っていたかもしれません。

そのころたまたま美術史の田中英道さんがローザンヌ地方の画家ジョルジュ・ドゥ・ラ＝トゥールについて上梓なさった評論を読んでいました。その本は『冬の闇』という題名で、画家の描いた光と闇の問題をあつかったものでした（新潮選書、一九七二年）。聞くところによると、ドゥ・ラ＝トゥールという画家はかなり奔放な生涯を送ったようです。が、彼の描いた作品は画面にひとつ光の焦点があって、まわりが薄暗くなっている。画題はさまざまでも焦点の光はつねに清らかで、見る者は人間の魂が浄化されるような感銘をうけるのです。つまり清らかな光とそれをとりかこむ闇、といった印象が強い。伊東と新しい家の構想を語りあっていたある日、それはまったく偶然のことで、わたくしにはなんの意図もなかったのですけれども伊東がその本に目をとめたのです。さっきから偶然の話ばかりですね（笑）。ともかく、この遠いローザンヌ地方の画家について話しているうちに何か最初のイメージをつかんだようですね、あちらは。

わたくしのほうには、そういうことは起こらなかった。で

インタビュー・ビデオから

中学生のころ。弟の伊東豊雄は小学生

もわたくしも、明るい部分と暗い部分とがはっきりした家をつくってみたい、とは言っておりました。とりわけ建物の開口部、つまり「窓」がふつうの形の窓ではなくて、壁面の細い亀裂のようなところから外光の入ってくるのがおもしろい、と言ったのを記憶しています。自分の言葉も、もう断片的にしか覚えていませんが……。

――ドゥ・ラ＝トゥールの作品には、そのような亀裂から入ってくる光が描かれているのですか。

後藤 いいえ、彼の作品にはそうした光はありません。

――ではおふたりのディスカッションの過程で出てきたイメージですか。

後藤 そう……でも、あとになって考えると、話し合ってというよりむしろ、大切な家族がひとり亡くなって、それまでの明るい家庭生活がこわれて、気持ちがひどく混乱していましたから、ここまで言うと言いすぎかもしれませんが、わたくし自身の内面がいくらか闇の状態になっていましたから、その闇を照らす光は、ほんわりとしたやわらかな光ではなく、鮮烈に射しこんでくるような光……、そういう光を、設計者よりもまず施主のわたくしが強く欲していたような気がします。そうした気持ちから、新しく建てる家のかたちについて語り合っていたときに、屋根や壁面の裂け目のような「窓」がいい、と言ったのかもしれません。

――「光」、ほかにも何か希望されたものがありますか。

後藤　敷地がほぼ正方形だったので、L字型の家が建てられないだろうか、と言いました。それまで暮らしていたアパートの住空間が、いくつかの部屋がありましたけれど、全体としては正方形だったのです。ですから今度はL字型がいい、と。そのL字型がやがてカタカナの「コ」字型になって……。でも、まさか馬蹄形になるなんて！（笑）

そのくらいですね、クライアントが設計者に与えた条件は。

――以前住んでおられたマンションと対比的な、平屋で「地べた」にくっついた住宅、これもまた後藤さんが、「光」とは別に求められていたものなのですね。

後藤　はい。夫が他界したのは三月二日でした。ちょうど春の、いまごろの季節ですね。そのまえの一年半、私は大きくて古めかしい、冷たい、病院の建物の一室にこもりきりで過ごしました。完全に意識を失うことはなかったので、わたくしは夫と最期まで言葉を交わしつづけました。ほとんど死に対面するところまで彼に随いていったわけです。

その病院暮らしに終わりがきて、娘たちのもとに戻って、またたく間に春が過ぎ、新緑がわあっと萌えたってきたときの、あの樹木の生命力と五月の空の明るさ……それはもう、翌年には体験できませんでしたね。人間は死んでしまったけれど、それと関わりなく自然は毎年豊かに芽吹く。そのなかに自分も入っていきたいという気持ちが、ものすごくあったと思います。

――たとえば軽井沢とか那須に住もうと思うときに求める、そういう「自然」とは違うようですね。

後藤　違います。土……。

――あの住宅ができあがった直後にお訪ねしたときの強い印象ですが、中庭はたしかに黒々とした土でしたね。

次ページ・中庭の黒々とした土

後藤　そう、あの黒々とした「土」は、わたくしにとってとても大事でした。

――コートハウスというとふつうは周囲の環境から独立した庭があって、それに向かいあって暮らすというイメージです。ですから中庭に対して居住空間の開口は大きく開いてそれとつながっていますが、この住宅はダイニングの部分だけ中庭に開いていて、他の部分はほぼ完全に閉鎖しているといっていいくらいです。それだけに中庭の黒々した土が印象的でした。それはクライアントである後藤さんのイメージというよりは、伊東さんが仕組んだものと考えていたのですが。

後藤　伊東のイメージでもあったと思います。が、わたくしも、それに深く共感していました。

これはその後二十年間住みつづけてきた時間を問題にすることにもなりますが、建てたばかりのころの中庭の黒々とした「土」は、雨の日にはぬかるんだりして、「住む」ことにかけては少し不自由なのです。それで中庭一面、芝を貼りました。でも、いわゆるコートハウスを連想させるきれいに芝を貼った中庭は、全然わたくしの気持ちに合わなかった。それでまたすぐその芝を剝ぎとってしまって、まったく自然に草が生えるままにしておきました。

そうすると、都心であるにもかかわらず、小鳥たちがたくさん舞い降りてきて、いろんな植物の種を落としていくのです。また風も、軽く、サラサラと渡ってゆく。やがて中庭には、毎年、違った草花が生えてくるようになりました。今年はタンポポがいっぱい咲いて、綿毛を風に飛ばせていたかと思うと、次の年はペンペン草で、その翌年になると、今度は小さなスミレが点々と濃い紫色の花を咲かせたり、また名前も知らない草花がふっと生えてきたり……。それにわたくし自身ももともと草花が好きなので、スズランやコスモスなどを植えつけたりしました。そうして何年か経つうちに、中庭が、草花と雑草のいり混じった、ごく自然な状態になっていきましたね。朝早く起きると、草の葉や朝顔の花に、露がたまって光っていたり……。

それから、これは中庭ではありませんが、家のすぐ裏に大きな椋《むく》の木が一本ありました。引っ越したころももう樹齢三十年をこえる大樹でしたが、それがさらに年々勢いよく育って、大きく広やかに枝を張ってゆきました。また建物のコンクリートの外壁に隙間なく蔦が絡んで……、ですからあたり一面緑が深くなり、建物がだんだんその深い緑のなかに埋もれていきましたね。それは「地べた」に住んで自然の生命力に浴したいわたくしの欲求をよく叶えてくれました。

次ページ・草が生い茂った中庭

――後藤さんの人生のなかで、この住宅はたんに住むために家を建てたり、住みかえたりという以上の契機になったということなのですね。そこまで強い意志をおもちだったということをあらためて痛感します。第三者にはなかなか理解できないことです。建築的な部分だけで住宅を見ているにすぎないことが多いですから。

後藤　ついでにもうひとつ、お話ししたいことがあるのですが……。

それは設計の図面ができあがって、建物が形づくられ、現前してくるプロセスをたえず設計者と施主が連れだって現場に立って眺めていたことです。両者がいっしょに住宅を造形していくのは、まあ、それほど特殊というわけでもないでしょうけれど、やはり、いまここでお話ししておきたいことのひとつです。中野の家の場合、設計者と施主の関係が、というより交感がたがいにとても敏感でした。

そうそう、そういえば、いまでも忘れられないことがもうひとつありました！

それはコンクリートが打ち放しのまま、建物がおよその形をあらわして、さあこれから建物の細部を造形していこうというその段階で、それまでわたくしとの語り合いのなかで仕事をすすめてきた設計者が突如わたくしの存在をカッと切って（笑）……ほんとうに、あっという間に細部を全部仕上げてしまった。はっと気がついたときは、もうあとの祭りで。……そこではもう、はっきり施主とクライアントが対立関係にありましたね。このわたくしは、有無を言わさず捨てられて（笑）、設計者がまったく自分のしたいようにしましたね。

――お話をうかがっていますと、住宅をまとめるための考えの骨組みがまずあったわけですね。後藤さんがおっしゃった「地べた」、とくに黒々とした「土」、住宅のまんなかにある中庭、つまりなんにもないスペース、といった強い中心がコンセプトとしてあった。ご主人を亡くされて次のステップにどういくかという時期の空間の投影として、比喩的にいえばそれは非常に強い中心になるような気がしますし、それから「光」というのも強いイメージですね。ここまでの部分は建築家と共有できている。でも、残りのディテール部分というのは建築家にとってはなんだったのか。一方、クライアントにとっては生活に関わる部分ではないかと思うのですが。

後藤　そのへんは、設計者とクライアントのよくある関係になったと思います。

――具体的にそれはどのような部分でしたか。

後藤　たとえば玄関に近いところに納戸があります。その納戸の床は、もともと四角形のはずでした。ところが納戸の壁面の角の部分を外側から、ぎざぎざに削りとってしまったんです！　それで内部のスペースは狭くなって、幅四尺の和箪笥を置こうと思っていた場所に三尺の箪笥しか置けなくなってしまった。………恨みはまだまだいっぱいありますね！（笑）

――ダイニングテーブルはたしか固定してありましたが、とくに不満などはありませんでしたか。

後藤　あれは、もともとわたくしのほうから「大きな円いテーブルがひとつほしい」と設計者に頼んでいたのです。

――インテリアのなかで、かなり強いポイントになっていますね。

後藤　素材が明るい色の大理石で、上から眺めると直径一八〇センチの思いきった円形です。しかも特定の場所に固定されている……。こうしたことから、インテリアというか建築の一

大理石の大きい円テーブル

部に組みこまれていったと思いますが、実生活の場面ではまったく不自由でした。あれだけ大きなテーブルが固定して置かれているというのは。もともと「大きなテーブルがほしい」と言ったのはわたくしですが。

―― スカイライト（天窓）はいかがでしたか？

後藤 あの細いスカイライトは、わたくしが求めていた「亀裂から射しこむ光」のイメージをみごとに実現してくれました。

住んでいて、いろいろおもしろいことがありましたね。たとえば晴れた日には、一日の時間の経過につれて窓から入ってくる太陽の光が、細い筋を描いて真っ白な壁面と床の上を移動していくのです。まるで日時計の細長い針みたいに。夕刻には、光の筋が糸のように細くなって、ついに消えてしまう。ああ、日が暮れてきた、と思う。夜になると、天窓のガラスごしに、星も、ときには月も眺めることができましたし、稲妻も屋根の裂け目のような、あの天窓をとおして閃くときは、ほんとうにものすごかった！ そうして冬に雪でも降ると、天窓のガラス面にも雪が積もって、室内は薄暗くなってしまう。U字形の建物全体が凍りついた雪の洞の、まるで北国の「窯倉《かまくら》」になったみたいで……。

――加えて、床に近い低いところにライトがありますね。そのライトが壁に不思議なシルエットをつくり、雑誌の写真などでも印象的でした。

それから、ワンルームというか、屋内が環状につながっているために、日常生活に不便が生じることはありませんでしたか。


後藤　抵抗……なかったとはいえませんね。自分が、家のなかのどこにいても落ち着かないんです。

新しく実現した建築に対して、設計者とわたくしの感じ方の相異が明らかになりました。いっしょに語りあいながら創造したにもかかわらず、それにディテールの問題はディテールの問題ですが、建物全体にたいする双方の感じ方の違いが、じつにはっきり出てきました。まず第一に、設計者は緩やかな曲線を描く屋内空間の「運動性」をつよく意識化したようです。一方、わたくしは、家のなかをぐるぐる歩いてゆく動きよりも中庭の「中心性」を、鮮明に感じとっておりました。

それから第二に、音響の問題が設計者にとっては意外な、予測もしなかった驚きとして立ちあらわれてきたようです。たしかにあの家は、ときには音源の位置を錯覚させるような、

次ページ・スリットから入る光は刻一刻移動していく

いっぷう変わった音響効果を秘めています。でも、わたくしは音楽を仕事の対象としておりますので、そのぶんだけ、自分の予測をこえた響きに対してはいつも身構えていますから。

もうひとつ、あの家は、昼と夜とで建物のイメージが大きく変化します。昼は中庭のほうが明るくて、それをとりかこむ屋内は薄暗い。反対に、夜になると明暗が逆転して、屋内の空間がライトに照らされ、中庭は闇に沈む。わたくしは昼間の空間が好きでしたが、設計者は夜のほうがいい、と言いました。

――そこに二十年間ずっと住んでこられたわけですね。

後藤　そうですね。二十年間住んだ住み心地というか、生活体験というか……、それはいま、あの家を立ち去ろうと決めたその結論にすべてが収斂しているような気がします。「中野本町の家」を去ろうと決心したことは、これまで二十年間住みつづけた体験の必然的な結論、というふうに思っています。少し強い言葉になってしまいますけれども、「わたくしはもうこの家にいることはできない」と。もっとも、これは家族ぬきの、わたくし個人の発言として受けとめていただきたいのですけれど。マイホーム的な意味での快適な住み心地を、はじめから求めてはいなかった家ですから、そういうことではないのです。もしそうであれば、二十年住みつづけてきた間に少しずつ建物の内部を住み心地よく改善できたと思うのです。むしろ、これまでそういう暮らし方をしてこなかった。というのも、そこに住む人間に働きかけてくる建築自体の力がひじょうに強くて、わたくしが住み心地をよくしようと努力すればするほど建物との相性が悪くなってゆく。わたくしの努力と建物とがうまく融けあわないのです。

でも、これは否定的な言い方であって、同じ現象のもつ意味を転換させると、またべつの、もっと積極的な言い方ができると思います。ほんとうに、これはわたくしが中野の家に対して深い驚きをもって言う言葉ですが、建築とはこれほど鮮烈に、当初のクライアントの心理状態や精神状況を反映するものなのでしょうか。あの家の場合には、建てたときのわたくしの伊東への働きかけがとても強かったのかもしれません。でも、施主のそうした働きかけを設計者が正確に受けとめた。受けとめたからこそ、「中野本町の家」が実現したわけで、そうなると、やはり住宅建築というものがそうした可能性を秘めている、といまはっきり言えるように思います。わたくしたちの場合、設計者と施主が身内であって、子供時代から一緒に育ってきたわけですから、コミュニケーションがそれだけ密であった。そんなことも、あるいは作用したかもしれませんね。

具体的に言うと、わたくしにとっては生活に不幸な混乱の生じた時期に建てた家なので、

岐阜県を旅行中。前列左より親戚の子供、文子と幸子、後列に姉と弟（豊雄）

結果的に建物の形態がネガティブになっているのです。

一般に住むための建物は、全体が四角形であるか、もしくは三角形の尖った屋根をもっています。日本の古い家屋は、瓦屋根にしろ藁葺き屋根にしろ屋根があり、軒端があり、壁面や窓や戸口があります。幼いころからそういう家で育ったのですけれども、家を見上げるとき、自分の視線がまずとまるのは庇《ひさし》であって、そこから屋根の勾配に逆らってだんだん高いところへと目が移ってゆき、その上に広々とした、青い、明るい空が広がっている。これが日本の、むかしからの家屋だと思うのです。ヨーロッパの教会の塔などもそうだと思います。建物を見上げる人間の目が高いところへ、天空へと、ごく自然に誘われます。

ところが中野の家は、これとはまったく逆です。敷地の四方の境界に面した建物の外側の壁、それから中庭を縁取る内側の壁、この二重の壁の中間が屋内になっているわけですが、前者より後者のほうが低い。だから視線は中庭に向かってすべり落ちてゆく。高さ二メートルほどのコンクリートの壁によって閉ざされた中庭の土の面が、地上のプラスでもマイナスでもないゼロの地点であるはずなのに、中庭の地面に立つと、自分がなにか非常に低いところにいる、地下に潜っている、そんな感じがするのです。そうしてそこからあえて空を見上げると、その空は無限に広がってゆく空ではなくて、建物の高いほうの壁の上端が描く線に切りとられた、円く囲いこまれた空でしかない……。

中庭からまるく囲まれた空を見上げる

建物の形態が引きおこすそうした視界の状況、体感、それはわたくしの生活にたえず作用しつづけてきました。はじめのうちは、わたくしの精神状況とぴったり重なりあうものだったがゆえに無意識で過ごしました。が、何年か経つうちに、つまり、わたくしが徐々に当初の暗い内面的な混乱から抜けだして、ふたりの娘たちといっしょに新しい家族生活を見いだし、自分自身の仕事にも打ちこむようになるにつれて、日々自分の住んでいる住宅の形態が明確に意識化されるようになりました。

先ほど建築が住み手に働きかけてくる力がとても強くて、と申しましたけれど、実際、建物がたえずわたくしを、それを建てたときの状態に引き戻すのです。けれども、いまも言ったように、わたくし自身は新築当初の闇をくぐり抜けて、生活も仕事も少しずつ明るい方向へと展開していく……そうすると、毎日そこで暮らしている建物だけがわたくしの過去であって、わたくし自身は二十年前とは違った積極性をもって、いま現在を生きている。それはやはり、住宅建築がクライアントの心理的、精神的な面を強く、また繊細に表現できるものだなという驚きを生むと同時に、自分はもうこの家は住み終えた、ここから出ていきたい、という切実な想いともなって、ついにひとつの決断を下すにいたった、というのがいまの状態です。

――自分のアイデンティティを確かめるために家をつくる、そこまで家と一対一でやれる機会はふつうではありえませんね。せいぜい経済的に、あるいは精いっぱい機能的に新しい住宅をつくる、あるいはそんな住宅を探して買うという行為でしかない。後藤さんはそこまでのっぴきならない形で家を建てたために、家が足枷になってきてしまったということでしょうか。

同じ家に住んでこられたご家族の受けとめ方はどうでしたか。娘さんは当時小学生だったとおっしゃいましたが、変化が激しいといいますか、急速な成長期に新しい住宅を経験されたと思うのですが。

後藤　引っ越したばかりのころ、いくつかおもしろいことを体験しました。十歳前後の娘とわたくしが新築した家に住みはじめたわけですが、あの中野の家は壁も白いし、カーペットも白い。その真っ白な家のなかでは「もの」のかたちが妙にはっきり意識されるのです。家具の形も人間の姿も……、人が着ているもの、その色、そして人の表情までがいちいち意識されてしまう。見えてしまう、というか、目に映じるとおりに意識されるのです。

ですから娘たちといっしょに暮らしていても、ただなんとなく彼女らとともに過ごすという以上に、そこに「娘たちがいる」「十歳前後の女の子がいる」と思ってしまう。どう言っ

壁が白く塗られて竣工目前

たらいいのでしょうか。ちょっと言葉にしづらいのですが、血縁関係にある家族が、たとえばお茶の間でいっしょにくつろいでいて、ふっと気がついてみたら、「あら、いないわ、どこ行ったのかしら」といった感じではなくて、もっと鮮明に、あるがままに、たえず相手の存在をとらえてしまう。だからといって、けっして冷たい感情ではないんですよ。ともかく娘たちの姿が、チューブを緩やかにたわめたような間仕切りのない空間をあらわれたり消えていったりする。それを眺めているのはとても新鮮な感覚的体験でした。彼女たちが母親の姿をどうとらえていたかは知りませんが。

——ご家族の構成が変わられたということ、そして二十年間暮らしてきた環境のなかで母親と子供との関係もたぶん変わってきたことも関係しているんでしょうか。そういう家族構成や関係の変化も、人の見え方に対する発見をうながしたということはありませんか。

後藤　たしかに、あの中野の家に住んだ二十年間、子供を育てるというより、ふたりの娘たちとわたくしとの共同生活、というふうにたえず感じてきました。そのような感じ方が建物の形態や作用力と無関係だったとはやはり思えませんね。もっとも、「中野本町の家」にこれまでずっと住みつづけてきたのはわたくしひとりで、娘たちはそれぞれ何年かずつ、あの家を出て、ほかの場所で暮らしているのですが。
娘たちが成長し、それぞれの時間の使い方がずれてくる、またプライベートな事柄もだんだんふえてくる、そうなってくると、やはり正直に言ってあの中野の家は住みにくい家でしたね。

――娘さんたちにとっては見えない部分というか、もう少し自分なりの時間を過ごすスペースがあればよかったということでしょうか。ある種の「中心」を家族が共有できる時期があっても、やがてはそれを共有するのがむずかしくなってくる、ということでしょうか。

後藤　おっしゃるとおりです。逆にこちらから質問させていただきたいのですが、一般に建築家は住宅を設計するときに、住む「時間」というものをどのように考え、建物の形態に組みこんでいらっしゃるのでしょうか。

――そうした住宅固有の問題をどうとらえるかは、建築家それぞれの持ち味だったり、個性だったり、選択だったりだと思います。核家族とはしょせんはほんの二十年か三十年ほどの間に夫婦として暮らし、そしてお子さんができ、一緒に過ごす過程にすぎない。そのための住宅がつくられるというのが近代になってから定着した。そしてお子さんがまた別の家族をつくるということは、いずれ核分裂することを前提としている。逆にいえば、よほど恵まれた環境でもなければ、そこに何世代も続けて同居して住まいつづけることは不可能なのですね。

後藤さんのお宅は敷地の広さから考えると余裕がある環境だった。しかし、住宅のプログラムとしてはたしかにその次の世代、その次の世代という形で住みつづけられるというものではなかったわけですね。

後藤　結論になりますけれど、わたくしはもう一年ほど前から「中野本町の家」に住んでおりません。週末にはよく戻りますけれど。ふたりの娘たちも、その後外にアパートを借りて暮らすようになりました。この何ヵ月間か、あの家はほとんど空き家の状態になっています。いざそうなってみると、誰もいなくなった家が、わたくしにまた強烈な印象をあたえるのです。わたくしにとって「中野本町の家」はたんなる「空き家」にはなりえない。二十年前にあの家を建てたときの自分と現在の自分との時間的な距離。いま現在も自分の眼前に建っている建物が、過去の「わたくし」を再現してやまないのです。

二十年前、設計者とあれほど親密なコミュニケーションを交わしながら、自分の精神状況までさらけだし、それを受けとめて一個の家を建ててほしいと働きかけ、そうしてあの家が実現しました。そしていま、ひとつの時代が「住む」人間の側において終わって、誰もいなくなって、住宅が住宅としての生命を終わろうとしている……。この現実を設計してくれた人も、どうか積極的な意味をもたせて受け入れてほしい。なぜなら「中野本町の家」を去ることは、わたくしにとって真実そういうことなのですから。

――そのことには私も共感します。少し酷な質問になってしまうのですが、あの住宅をどなたか他の人にお貸しするというようなことをお考えにはならなかったのですか。

後藤　それはわたくしたち家族三人がはっきりと否定したことです。伊東もだいたい同じ考えでした。つまり「中野本町の家」にわたくしたち以外の誰かが住みつづけるということに否定的で、このたびとりこわされることになりました。

後藤幸子

一九九七年二月二十一日、中野本町の家にて

後藤　この家は一九七六年にできて、わたしはそれから一九八八年の三月まで十二年間家族と一緒に住み、その後の八年ほどはここには住んでいません。だからこの建物での生活の記憶の大半は、小学六年生から大学を卒業するまでの間のことということになります。

わたしの場合、自分の生活をこの建物との関係で考えていたかというと……当時はそうでもありませんでした。むしろこの建物をおもしろいと思ったのは最近のことなのです。もちろん住んでいるときにデザインが変わっているということはたえず意識させられましたけれども。もう少し距離をもって、建物としてきれいだと思ったり、建てた時代（一九七〇年代半ば）に歴史のなかでこの家がどのような新しさをもっていたかということをもっと客観的に了解できたのは、逆に家を出てからです。後から読みといたのですね。

――小学校六年生から大学生までの間、この家は幸子さんにとってはあまりにも自然だったということなのでしょうか。

後藤　そうですね。自然だったということと、それからこういう意識的につくられた建物が人目を引く、異様に大きいということに対して、わたしはどちらかというといやな気持ちのほうが強かったのです。いつもどこかで、人にあまり知られたくないと思っていました。子供のころは、たとえば衣食住というようなことが人より突出しているということに対して警戒してしまうようなところがあって、ですからこれも、積極的に自分のなかで生かそうなどとは思っていませんでした。もしこんなに独創的でないふつうの住宅に住んでいても、それ以上のことは望まなかったと思います。いまだから白状しますと、ふつうだったらいいなという気持ちがいつもありました。

一九七〇年代半ばから一九八〇年代半ばにかけて、建築だけでなく映画や演劇や小説などが都市をテーマにとりあげましたよね。いまバーチャルという言葉がキーワードになっているのと同じように、当時は都市がひとつの概念になっていました。そこから無機性、自閉性、遊戯性というようなキーワードが出てきて、それまでどちらかというと否定的に考えられていたことが積極的に評価されはじめたわけですが、その時代の動きにこの建物もはまっていたというふうに理解したのはここ二、三年のことです。

客観的に見ると、この建物はその「都市の時代」の空気を非常に感じさせるような気がします。野田秀樹さんや映画監督の森田芳光さんの世界の、自由奔放のようでいてどこかフワフワッとしていてサラサラな感じ。山田太一さんのドラマなどもたしか、従来のようにお茶の間ではなくて個室を舞台にしたホームドラマでした。家族を個という単位でとらえたことが新しかったと思うんですけれど。

インタビュー・ビデオから

小説だと村上春樹さんや、……それからこれは読んだとき「うちのことだ!」と思ってしみじみ感動したのですけれど、日野啓三さんに「天窓のあるガレージ」という題の短編があって、そのころのものなのですが、これがコンクリート・ガレージを宇宙船に見立てて閉じこもり、幻想的な世界をつくる少年の物語なのです。コンクリート、からっぽ、天窓、冷たい光というのがモチーフで、真夜中に少年が天窓の下で月を見上げて宇宙的空想にふけるシーンがあるのです。
ところがこの小説に描かれている、天窓の下に立って夜空を眺めるという現象はまさにこの家でも起こったことで、こ

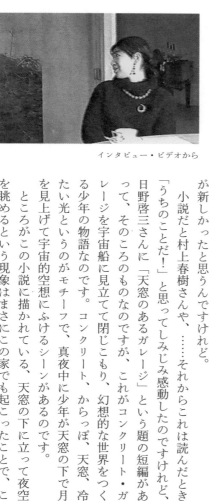

れができた当初にわたしと妹が格別気に入ったことのひとつなのです。ですからこれを読んだとき、「うちも、うちも！」と。ほんとうに、天窓の下にふとんをもっていって月や星を見上げながら寝るのが子供のころ楽しかったことを思い出します。雨が降ったり雪が降ったりすると、それはそれで別世界がひらける。天窓の下に立って、降ってくる雨粒や雪片を見上げていると、とても幻想的で非日常的な感じがするのです。ここはコンクリートドームですから、物語のなかの少年とそっくり同じ状況なのです。子供にとってはコンクリート・ガレージ（ドーム）は宇宙都市だった……。

でも、これはつまり映画監督や小説家が表現しようとした都市の時代の新しい空間や個人の意識というものを、もう少し早い七六年という時期にすでに現実化していたということですから。当事者である母と叔父は、さぞおもしろかっただろうなと思っています。考えてみるとふたりともまだ三十代半ばで、いまのわたしとあまり変わらない年齢なのですよね。すごいことをしたなとあらためて思います。

母が設計の段階でこの家に込めた切実さは、自分が母親になってもいいような年齢になってようやくわかりました。でも、それはわたしにとっては、ある意味ではもうあってほしくないものです。俗っぽい表現になってしまうかもしれませんけれども、つれあいを亡くし、これからひとりの女性として自由に生きたいという思いもあっただろうに、あえて家族の住

下からのライトで影が壁に映る

むこういう大きなものを建てて、自分のこれからの十年なり十五年なりを家族という単位でくくってしまった。当時の母の気持ちをそういうふうに理解したときに、やはりこの建物はもうないほうがいい、と娘として思いました。母親の思いというのはたぶんずっとなくならないと思いますが。わたしとしてはこの建物にそのような母の自由を抑えるものがあったということは、どちらかというとやりきれないといいますか、もういいなという感じをもっています。

——子供が成長して家を出るということはどこの家庭でも経験することです。むかしの大家族でないかぎり、どこかでまた家族を再生産する。幸子さんはたまたま現代建築史上重要な住宅でそういう経験をされたということですね。それが非常に意識的な形となって、家族のある一段階を経験されたんだなと思います。

後藤　そうですね。成長過程でその都度そう意識したということではないのですけれど。でも、大学を出て働きはじめ、外に住むようになり、たまにこの家に帰ってきたりするなかで、わたしの家族の内面にはこの建物ならではの何かが育っていると気づきました。設計段階での当事者の感情移入というのがない住宅……、ある意味ではそれがふつうなのですが、そう

「中野本町の家」にて暢子、暢子の義母と

いうところに住むということを自分で外で体験していくなかでですね。

——田舎の家に帰って見る大黒柱のようなものでしょうか。見た目はまるっきり違いますが。

後藤　大黒柱というのは、自分にとってのよりどころということでしょうか。たとえば自分を形成している動かしがたい事実に田舎に帰ったときに遭遇したりする、そのような意味では存在の大きさということはありますね。ただわたしの場合、当初はそこからの解放感のほうが大きかったといえます。

わたしはとにかく衣食住はめだたないほうがいいと子供心に思っていました。ですから、ここを出て最初に借りたアパートは家賃が四万五千円ほどのほんとうに小さな、働きはじめた人がだれでも借りるような畳の部屋でしたが、そこに住みはじめたときにいろいろな意味ですごくうれしかった記憶があります。自分の意志が反映した空間に主として住むということが、親元から独立したとか社会人になったとかいうこととは別にうれしかったのです。そこは小さかったし、もちろん借家だったのですが、家と自分のＤＮＡが一致したような気がしてほっとしたのを覚えています。家族にしてみれば、行ってみるとカビのはえそうなアパートで、いまの住まいとは何もかもが正反対のところにいったのですから、どう思っていたのか……。

独立後アパートを四、五回住みかえて、一九九五年に戻ってきて一年間またここに住みました。そのことに対してはかなり意識的でした。どうにかしなければいけないと考えていました。どうにかしなければ、というのは乱暴な言い方ですが、とにかくこの建物についてみんなときちんと話をして自分なりに結論を出さなければならないと思い、自覚的に住むために帰ってきた一年だったのです。それまで七、八年、ほんとうに転々と放浪していましたから。

そのときに問題に思ったのは家族関係のこと、それから、家というのはふつうの人にとっては財産が形になったということですので、やはりそういう問題も含めて考えました。どうもこの家族は、むかしの大家族のあり方や家族の再生産というかたちにはなりそうにないということも思いはじめましたし。いろいろな意味で考えなければならないと思いましたね。それには戻ってきて、実際にこの建物に住みながらちゃんと考えたほうがいいかな、と。

——ご家族三人それぞれに、少しずつ見方なり思い入れなりが違ったと思うんです。最終的には、結論としてみなさんこの家を卒業なさるということになったわけですが。とくに幸子さんは途中で一度外に出ることで、かなり客観的にこの住宅を見なおすことができた。この家のもっている建築的なというか、ある時代のモニュメントとしての意味をあらためて感じられたわけですね。

後藤　それは最近とても強く感じます。ある時代を非常に鋭く切りとったものが、そのあとの時代に迎合しないがゆえに取り残され孤立していく。その美しさは、もうほんとうに自分の家としてそう思うというよりは、ひとつの建物として、たとえば外国旅行に行って遺跡を見てきれいだと思うのと同じようにある種の冷たさをもって眺めています。ただそれは、自分が家族と住んできた家に対する感情としては奇妙なものですね。当事者なのに当事者じゃない、という感じがするのです。突き放して眺めているときの建物との絶対的な距離感は不思議です。

――　それはお母様がたとはまた少し違った見方だと思いますが、そのような見方をなさる一方で、ご自分たちの住宅として考えたときに、ご家族の議論のなかでとくに主張されたことがありましたか。

中庭で犬と遊ぶ

後藤　いちばん大きかったのは財産の問題です。家族の全財産をここで規定していますので、それをそれぞれに分けたいと思いました。住宅を設計するときに建築家の方がそのことにどのくらい意識的になるのかはわかりませんが、一般庶民にとってはやはり家は財産のかなりの部分が形になったものだと思います。最近二世帯住宅などがはやっていますが、家族の状況にあわせて増改築するというのは自然な考え方だと思います。でもこの建物はデザインがとても独特でそのようなことがやりにくいし、やるにはとても費用がかかります。それに、自分がそこまでしてここにずっと住むかといわれたら、はっきりそうだとは言えない。好きな人ができたらその人と暮らすためにさっさと出ていってしまうだろうと考えると……。

――そのとき、ここで新しい生活を始めるだろうとは思われませんか。

後藤　それがそう思えないのです。これは設計当初の感情移入がとても強い家なので、その時点からの時間の流れが建物に固有のもの、取り替え不可能な、住んだ人間そのものと言ってもいい時間が流れているのです。この二十年のいきさつを知らない人と住むことは考えられないし、他人にここで生活してくださいということは、おそらくだれに対してもすすめられないですね。

――お母様の話のなかで、中庭には何もない。しかし、ある中心が存在した、と。そして、そこまではおっしゃらなかったけれども、その中心がある種家族を支えていくのだという意志を重ねておられたようです。

幸子さんはこの住宅の、極端にいえばそこがやりきれないというような意味あいで話されました。具体的に何か指摘してくださいませんか。

後藤　これはとてもリアルな表現かもしれませんが、なんというか「墓石」みたいな感じがするのです。未亡人になった女性がその時点で個人に戻り、ひとりの女として人生を新しく始めたいと思うのはごく自然なことではないでしょうか。わたしでもきっとそう思うと思います。ところが小さい子供がいるとなると、そのような気持ちも抑えなければなりません。母であり家庭の人であるということに自分の人生を統合した、というふうに理解しました。そのときわたしにはこれが「墓石」みたいに思えたのです。中庭の中心点が家族の中心を象徴しているという話は聞いたことがありますし、この建物の質感や量感、コンクリートという材質やそれが囲いこんでいる内部の空洞、地べたにはりついたようなフォルム……いろいろなことがイメージとして間接的には影響しています。けれど何かもっと感覚的に「墓石」

次ページ・北側から見下ろす

というものを感じた。ひとりの女性が女としての生き方をここに「埋葬した」という意識を娘としてもってしまったものですから、それはもうやめてほしいなと思いました。

――それはどんなときに感じられたのですか。

後藤 時期でいうと、一九九五年から九六年にかけて、一年間住むために戻ってきたときです。この建物をどうしようか、半分残そうとか建て増しをしようとか、いろいろなプランを家族で話しあいながら考えました。そのころですね、この建物のかたちが自分のうちで少しずつ抽象性を帯びてくるなかで……それはたとえばUFOでもよかったのかもしれないのですが、わたしにとってはそれは「墓石」だったのです。

――できあがった当初、中庭は黒土でしたね。

後藤 はい、そういえば、ほんとうに。しばらくのあいだはたしかに黒土でした。

――それが黒かったのがすごく印象的で、お墓を連想するところまでにはもちろんいたらなかったけれども、その土が何かすごく重い感じだったのを覚えています。お母様も、この家が地下にあるような感じをもったとおっしゃっていた。それが不思議といまのお話につながるような気がします。

後藤　「墓石」というのは必ずしも陰気だということではなくて、そう……自分の気持ちと静かに向かいあう場としてお墓を思い浮かべていただくと、わたしのイメージに近いと思います。心のずっと深いところにあって、ふだんの暮らしのなかでは意識にのぼらないような部分というのがありますよね。その表現として、母がつくったこの建物がわたしには「墓石」に思えたのです。そのような印象をもってしばらくして、ある人の文章のなかに「明るい棺」という言葉をみたときにも、この建物のことをパッと思い浮かべました。このようにして、わたしのなかではこれがひとつの死……この場合はありえたかもしれないもうひとりの自分の死ということですが、とにかく非常にマイナスのイメージとして定着しはじめたのです。二年くらい前からです。

――答えづらい質問かもしれないので大変申しわけないのですが、以前は三田に住んでいらして、お父様がお亡くなりになってからこちらに移ってこられた。お父様のイメージはこ

中庭で草花の手入れをする暢子

の家にはないわけですね。墓石と形容されましたけれども、お父様の印象を引きずっているということではないのですね。

後藤　そういうことではまったくないのです。父の死と結びつけてお墓と言ったのではありません。

ヨーロッパやアメリカの墓地にある平べったい地面に埋まっているようなものからの連想です。本のなかの写真で見たり、実際に旅行して見たり、それから作曲家や文豪のお墓に花が捧げられているのをテレビでよく見かけるときの、あれです。そこにこの建物が重なったのです。

自分が家庭をもち子供を産んでもおかしくない年齢をこえて、さてわたしだったらどうしただろうと考えたとき、この人は二十年もある意味で自分を抑えて生きてきたのかと思ったのです。そう思ったときに、これはたまらない……と。母のなかにある母という役割、家族の中心であらねばという責任感ですが、それは消したいと強く思いました。

家族の中心という気持ちがこのように建物に象徴されているとすると、それは人間の心という本来は目に見えないはずのものが圧倒的な存在感をもって迫ってくるということですから、わたしにとってはそれは重たいコートを着ているような感じ。洋服なら、体や気持ちに合わなくなれば簡単に脱ぐことができますが、住宅となるとそうそうホイホイと気分にあわせて着替えるというわけにはいかない。

うまくたとえられないのですが、このような状況に陥ったという感じでしょうか。だからこれは、向こうから壊さないのであればこちらから壊してあげましょうということで、それはもう財産としてもったいないとか、建物としてきれいだから残したいというよりも、もっと直情的な気持ちです。娘としては母親にいつまでもそのような気持ちをもっていてもらっては困ると考えました。

―― 積極的にそういう考えをもたれて主張されたんですね。

後藤　言葉にしたときは、まず生活の独立のために財産のことを考えようと言いました。三人の仕事や生活が違えば、この先の財産の使い方が違ってきて当然だと考えたのです。わたしも妹も家族を再生産はしていませんが、ひとりを独立した一単位というようにそろそろ考えたいと思いました。

けれどその根底には、先ほど申し上げましたように、母がこの家を建てたときにとにかくここでこの娘たちの母親として生きなければならないという気持ちを放りこんでしまっていたということがあります。そのことを感じたときに、何かもうそれはすごく消したいと思いました。いずれにしても三人がこの家を中心にして生きる時代は終わったと強く感じました。

——ふつうの家族だったらこの家には住めなかったかもしれませんね。つまり住宅の形にそのときの思いを残すことはまずできない。もちろん、叔父さんが建築家だったという偶然があった。そして伊東さんもある意味で正確に、そのときのお母様の思いを形にした。その偶然は幸か不幸かということになりますが……。

後藤　片方が女性で片方が男性だったということも関係しているように思います。女性の場合には、自分の思いを形にしておきたいという願望が男性よりも強いように思います。逆に言うと形にすることで心を決める。小さな物ではお守りや指輪から始まって、大きなものでは……絵や文章にして昇華させるということはだれでもやりますけれどね、建築（住宅）にするというのはあまりしないかな……うちは大きかったですね。とんでもないかたちになっているなこれは、と思いました。

——そういうお考えをもたれるようになったのも、この家があるからかもしれませんね。

後藤　あるから、でしょうね。

——逆にそういう重しがなくなったとき、どうなってしまうのでしょうね。

後藤　どうなるのかなあ。ふつうはみんな、少しでも大きな家をもちたいと思う。それは借家だったり狭かったりするから、もっと自分らしく暮らせるスペースを望むわけですよね。わたしがそのようなことに執着しないのは明らかにここに住んだこととの反作用ですね。わたしがそのような思いが人より強いとしたら、この建物がわたしに作用した力はとても大きいと思います。

——この住宅に来られる前の住まいのことは覚えていらっしゃいますか。

後藤　覚えています。

——その家と新しくできた家とのギャップについて、当時の印象を覚えていらっしゃいますか。

後藤　好き嫌いの評価はもたなかった。これはわたしの父の教育方針でもあったのですが、子供が衣食住に自分の好みをいうことは戒められていました。小さいころ、ご飯や洋服のことで自分の好き嫌いをいうなんて考えられなかったのです。いまは自己主張ができるという意味で、逆にそういったことを言える子はいい子だとされるのかもしれませんね。でも、わたしの父は昭和ひとけたの生まれで古いタイプの父親でしたから、一貫して子供のわがままは許さないという姿勢でした。

父と暮らした十歳までがそのような状態で、だからといってここに引っ越してきたからといって十代のはじめに住まいに対する美意識などいきなりもてるわけでもありませんし。要するに地域が変わって、学校が変わってという日常的な変化のほうが大きかったです。当時は母の意識の大変化など思いもしませんでしたし。

――遊ぶのにはおもしろいおうちができたとか。

後藤　そうそう。汚してはいけないとか。友だちが来るとみんなびっくりするから、来ないでいてくれたほうがいいなとか。学校で家庭科の時間に家の間取り図を出すと先生が「おかしい」というのです。居間、寝室、応接間……と図面にその部屋の使いみちを書きこまなければいけなかったのですが……まず困ったのは区切りがないということでした。それに広さがよくわからない。だれが何をするところかわからない。ふつうだったらどんなにいいか、と思っていました。友だちが来たりもしたのですけれど、わからないですよね、壁の白い色やこのカーブのもつ意味など。元気いっぱいダーッと駆けまわろう、触って歩こうということになる。みんなが帰ると手形が玄関から、こう、ずーっと壁沿いに残っていたりする、子供の手の高さにね。……友だちがここに来るのはいやでした。家庭訪問もいやでした。

―― ピアノはずっとやっていらしたのですか。

後藤 わたしはほとんどやっていません。そのころから音楽は妹のほうが一生懸命やっていました。

―― ふだんの生活はいかがでしたか。いつも子供部屋におられたのか、それともダイニングあたりを使うことが多かったのか。日常は家のなかでどうやってお過ごしになったのです

ピアノのかたわらで文子（右）と

か。

後藤　わたしのいちばんの居場所はじつは台所だったのです。小学校六年生のときに将来は料理の仕事をしようと決めていました。卒業アルバムにそう書いています。料理がとても好きで、この台所もお気に入りで……。

――ご家族のお食事もつくったりされていたのですか。

後藤　ずっとつくっていました。自分の部屋よりも台所をわがお城だと思っていたようなところがあります。ひとつの台所をふたりの女が使うとけんかになるとよくいわれますよね。ホームドラマでは嫁姑戦争の原因になったりして。そういう意味ではわたしがこの台所の主導権を握っていました。母がやってくれなかったというわけではないのですが、勤めをもっていたので昼間はいません。わたしは学校から帰ってくると台所に直行して、ここでおやつを食べて、遊んでつくって、また食べて……。

――こういう家ではどんな生活をしていらっしゃるのか、だれにとっても謎めいて感じら

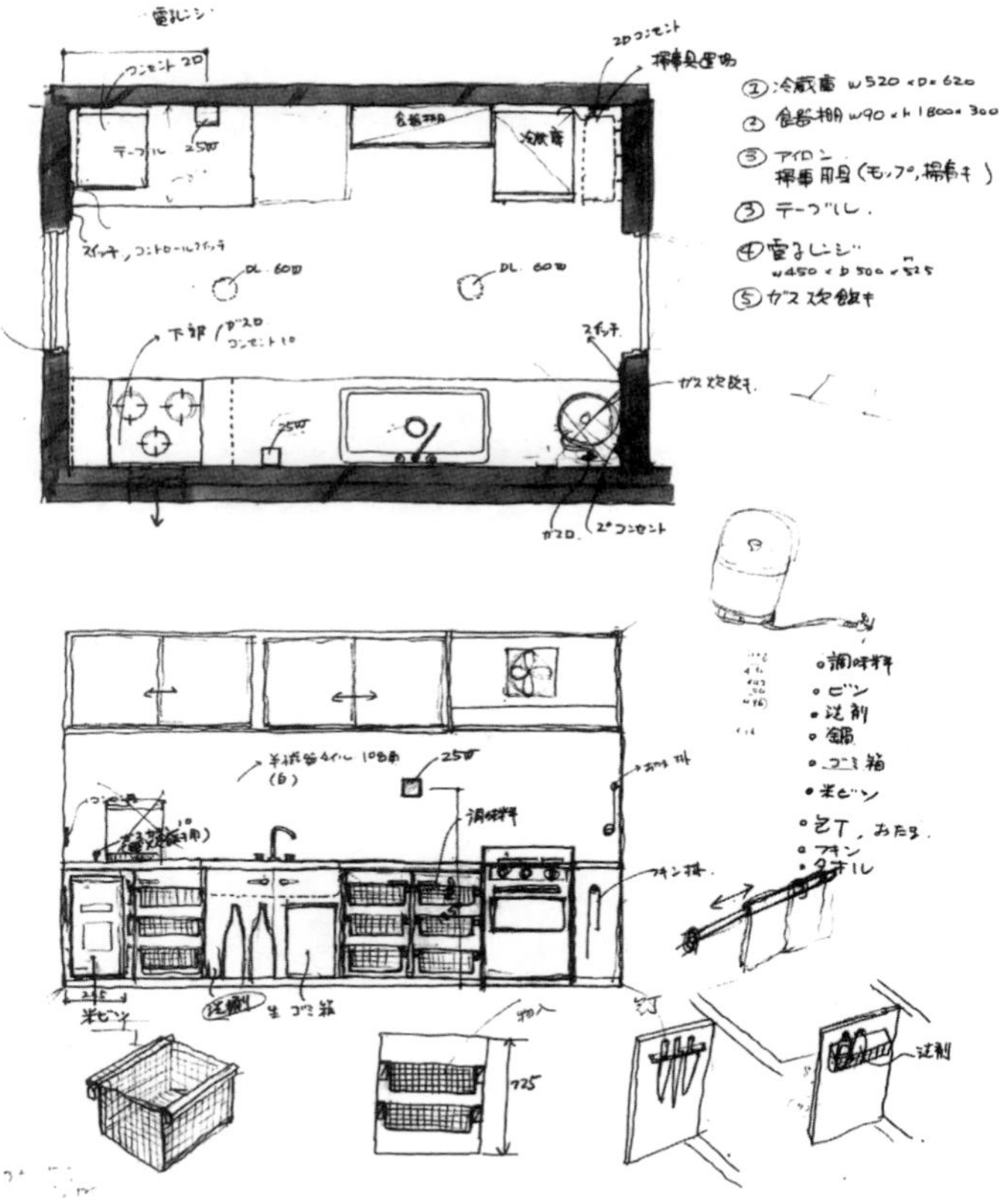

①冷蔵庫 w520×D×620
②食器棚 w90×h1800×300
③アイロン
掃除用具（モップ、掃除機）
③テーブル
④電子レンジ
⑤ガス炊飯器
冷蔵庫
テーブル
ガス炊飯器
調味料
ビン
洗剤
鍋
ゴミ箱
米ビン
包丁、おたま
フキン
タオル
725

台所のスケッチ

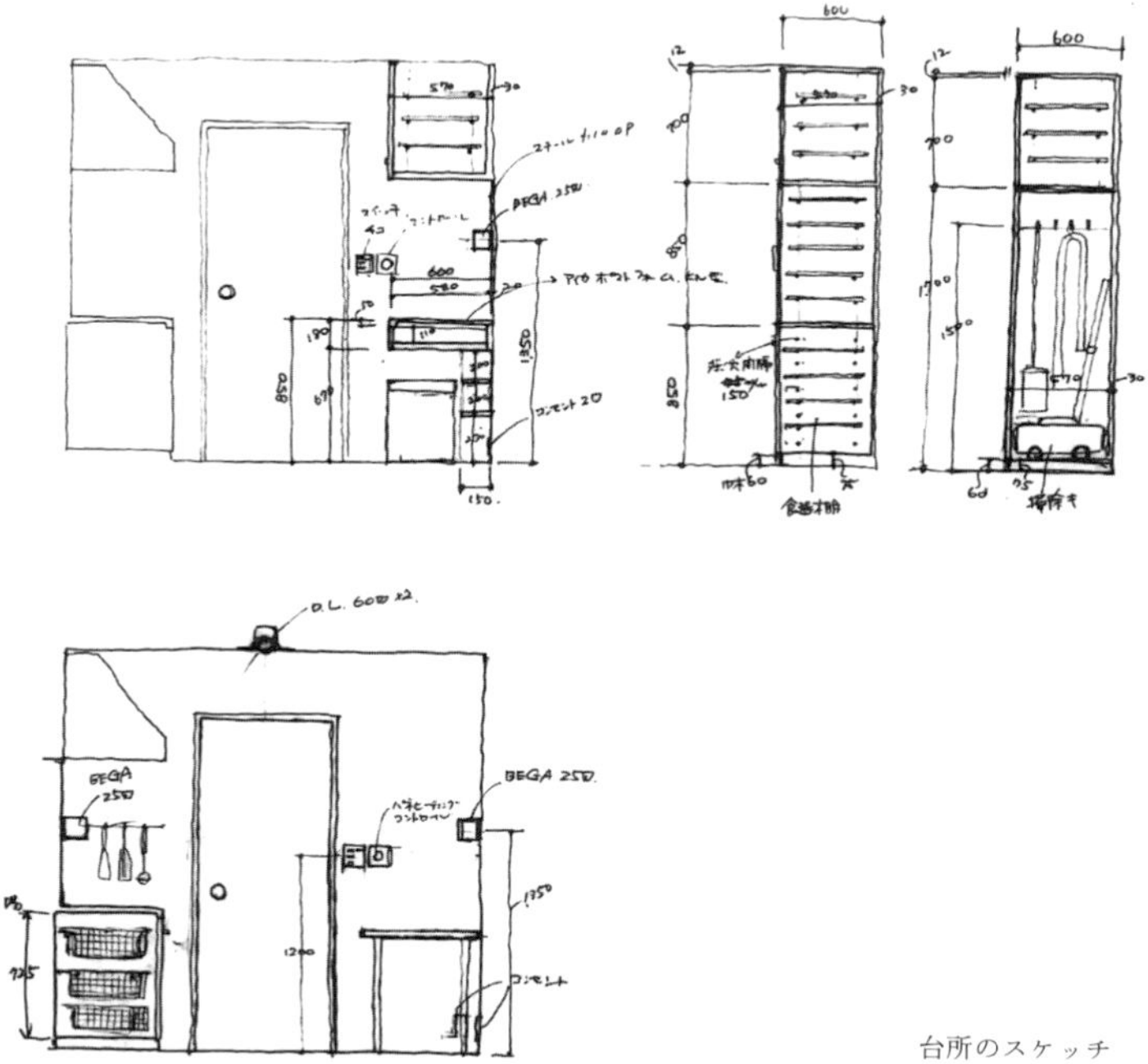
BEGA 250
D.L. 600φ ×2
BEGA
250
BEGA 250
1350
1200
735
600
580
570
850
1350
150
食器棚
1700
1500
掃除機

台所のスケッチ

れると思うんです。幸子さんが台所でずっと時間を過ごしておられたというのも、ちょっと思いがけないことですね。

後藤　振り返ってみるとほんとうになのですよね。自分の部屋にいろいろな思い出があると

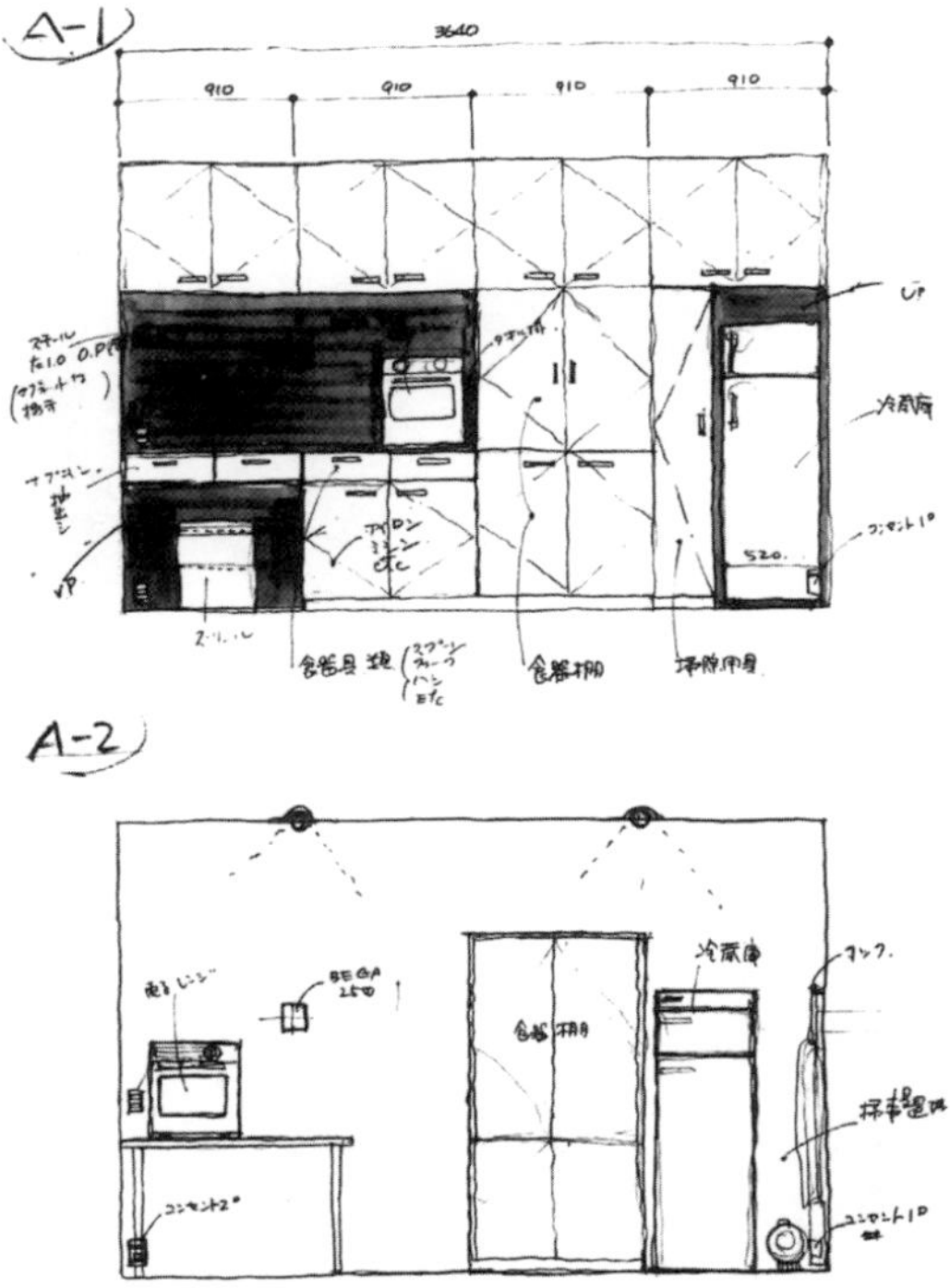

いうよりは、この建物でもし残すところを一ヵ所といわれたら、わたしは迷わず台所ですね。

台所といえば……わたしは料理の仕事をしておりましたので、ひとり暮らしをしていたあいだに、生活用品のなかでとくに台所関連のものがかなり増えてしまったのです。でもそれは専門職用の道具がほとんどで、いわゆる所帯道具としてではありませんでした。職場が変わり引っ越しをするたびに荷造りをしながらそこのところを考えまして、ついつい買ってしまったもののなかで、いわゆる所帯じみた道具というのはそのつど捨てていたんです。

ところが何年かそうしているうちにふと中野のことが思い浮かびまして、あそこにも家族が生活しているにもかかわらず「所帯道具」らしきものはほとんどないぞ、と気がついたのです。たしかに生活に必要なものはある、でもそれらはあくまでキッチン用品、バス用品、リビング用品とでも呼ぶのがふさわしいカテゴライズされたものなのです。これはたんに日本語とカタカナ言葉との言い方の違いだけではないような気がするのです。

「所帯をもつ」とか「所帯道具」という言葉はすでに死語になりつつあるのかもしれませんが、それでも実際の生活のなかには、そういう言葉でしか呼べないようなものが絶対にありますよね。分類できないものや、棚に納まりきれないものがあってこそ生活といえると思います。

ところがこの建物に住むなかでわたしは自然に「所帯道具のない生活」を志向するように

なっていたみたいなのです。家族の再生産を通じて代々受け継がれていく「所帯道具」ではなく、この建物に合うキッチン用品、バス用品を求めて暮らしてきた。別の言葉でいえば、持続する美しさより切りとったときの瞬間の美しさを基準にしてきたといえるかもしれません。

——ご家族それぞれ持ち味が異なり過ごし方が違っていた。三人がそろってソファに座って、というような時間はあまりなかったのでしょうか。

後藤　それはなかったですね。これは後になって思ったのですが、この建物というのは暮らしていても「家庭」という感じにならないのです。

わたしは最近「家庭」と「家族」というのは違うと思っています。家族というのは独立した個人の集まりであって、その関係は、ひとりひとりがどこにどうあろうと、離れていても一緒にいても死ぬまで変わらない。家族の再生産ということでいえば、自分が新しい家族をつくらなくても、生まれ育ってきた家族との「家族」関係は途切れることなく存在します。

それに対して「家庭」というのは人間関係ではなく、それ自体がひとつの雰囲気を醸しだす集合体といえばいいでしょうか。ひとりひとりの顔が見えてこなくてもいい、意思の疎通に意識的にならなくても、いい匂いがしていればそれでいい。ちゃぶ台のうえに電気がともっていて、というお茶の間的なイメージってありますよね。そんな色と匂いが「家庭」にはあるように思います。

そういう意味ではここに「家庭」のイメージをもったことはないですね。もちろん、それは母が子供たちをそう扱ってくれたということでもあるのですけれど。独立した個人が同居しているというように母も意識したのだと思いますが、建物にも住む人に対してそれを要求するところがあります。ふつう住宅といえばそこがマイホームで団らんがあり、それによって醸しだされるひとつの雰囲気があり、ということになるんですけれど。

たしかにご飯は必ずここで一緒に食べていました。それでもここはあくまで空間なんですよ。何もないほうがいい空間。

―― いわゆる「家庭」という感じはあまりなかったということですね。

後藤 ええ、そうですね。たとえば子供にとって、学校からうちに帰ろうというときの「うち」には、建物としての「家」と場所としての「家庭」と両方の意味が含まれていると思うんです。ところがわたしにとっては、うちに帰ろうといって帰ってくるとそこにこの建物がある。建築関係の方から「空間」といわれる場所に帰ってくるわけです。子供のころ自分のうちが「空間」と呼ばれるのはとても奇妙な感じがしていました。

ですからやはりそのようななかから「家族」というあり方が鍛えられていったという面はあると思います。

――お父様がいらっしゃったときからそういうことはあったのでしょうか。

後藤 父がいたころはふつうに民間企業がつくったマンションでしたので、デザインとか広さとかも標準的ですし、どちらかというと「家庭」のイメージです。そこに人がいるという気配や雰囲気が漂う広さでした。あのようなマンションだと家のなかでだれかと一〇メートルくらい離れていても「つながっている」という感じがするのですが。この建物のなかだとそのくらいでも「離れている」という感じのほうが強いのです。

――一般的な住宅がもつ「家庭」の雰囲気から、ネガティブな言い方をすると家庭をこえてしまう何ものかになったということですね。そのときにギャップを感じられましたか。

次ページ・雪の日の中庭

後藤　当時はまったく思わなかったのですけれども、後になって考えてみると、どうもあのころを境に自分はそういうふうに行動したり考えたりしていますね。建物のこともありますし、母の接し方ということもありますし、いろいろなことが絡みあってひとつの時期に起こりましたので、どれかひとつのためということはないと思うのですけれども。

ただあとから思えば、そのときにもし家族が寄りあって暮らすような小さな家に住みはじめていたら、そのことに反発してもっと早くに飛びだすということをしていたかもしれませんね。

――新しいご家族を、いやご家庭をつくられていたかもしれないですね。

後藤　家庭をつくるという意識が自分のなかにないので、いわゆるマイホーム的なくつろげる場所をほしがらない、そういういまの自分というのはこのような成長過程で培われてきたのでしょう。

――それぞれが独立した生活をするには、この家はさしさわりのない家といえますか。

後藤　独立した生活……そうですね、そうせざるをえなかったのでしょうね。それもどちらかといえば内面的な意味でですね。建物がこのように目的別の部屋に区切られていませんので、自分がそこで何をするかということを……ということはそのときいかに内面的な充実をもって行動しているかということにもなると思いますが、そういったことを無意識のうちに建物から求められていたように思います。

てんでんばらばらに暮らしていたわけではなくて、夜など台所に三人が集まってお茶を飲んだりということは日常的にしてきたんですけれども、ただそこが、自然にくつろぐことのできる茶の間ではなかった。だから外では求められない柔らかな時間や場所を「家に求める」ということではなかった……むしろ逆に、強くあれということをたえず「家のほうから求められていた」気がします。

——　二十年間ここに住まわれてきた結果として、建物が壊されることになった。率直なご感想としてはいかがですか。

後藤　そうですね、二十年間住んできた……でもやっぱり自分の家じゃないというか、わたしが当事者だという感じがあまりしない。やはり当事者は最初から最後まで設計者である伊

寝室から歩いてくる

東と母のふたりだという気がします。
それから、そのときの感情移入の強さですね。それは設計者の設計コンセプトにもなっていったものだと思いますが、そのことの強さをあらためて思います。二十年住んでも、過ごした具体的な時間よりそのことのほうが勝つのですから。
わたし自身についていえば、潜在意識のなかにこんなにたくさんの影響を受けていたのかということですね。今日、お話ししてきたなかであらためてそういうことだったのかと話しながら自分で再認識したこともたくさんあります。それを率直に一言でいうのは……むずかしいですね。残念とか、寂しいとか、もったいないとか……なんでしょうか。

―― ふつうにはそういう外的事情なり、あるいは心の転機を迎えても、一度建てた家というものはそう潔くなくなるものではなくて、少しずつ手直ししたり、物理的にはごまかしごまかしいくのが当然ということになる。この家では、そこをスパッと零にしてしまった。

後藤　パッと消してしまう。それはやはり母やおそらく伊東も、経済観念よりも自分の感情の動きを大事にして生きている人だということでしょうね。それはこのように家を建てるとか壊すとか、一生にそう何度もない事態になったときにはっきりあらわれますね。……もっともオール・オア・ナッシングという性分は、どうやらわたしにもちゃんと受け継がれているようなのですが……。

サラリーマンの友だちなどからは、今回のことについては反対されているんですよ。「みんながどれだけ苦労してマンションを買っていると思ってるの？　あんな大きなおうちを壊して土地を手放すなんて、とんでもない！」って。目を覚ましなさいっていわれています。たしかにまわりの友だちがみんな三十代に入ってきているので、住宅の問題なども、会うと話題になります。みんながなんとか手に入れたいと思っているものをわたしはなんの痛みも感じずに手放してしまう。そう見えるらしいのです。使えるのに壊すわけですから。ふつうは耐久年数ぎりぎりまでもちこたえていくことを考えれば、そう見えてもしかたがないと思います。

でもそこのところは、自分の感情を豊かに表現して生きている人が家族にいるというふうにわたしは理解して、その大きな流れに沿った一連の出来事としてとらえたいと思っています。経済観念や合理性より、自分の気持ちにそぐわないからもうここは終わりといってパッと消す。そういうことをこんなに大胆にやっている人がいる。それもこんなに身近にいる、客観的にそう思って眺めたい。同時に、わたし自身のなかにも確実にそれと同じ血が流れていることをここにきて再認識させられた、というところでしょうか。

――生活や家庭というものは、ごまかしごまかし、それを経済的な理由のせいにしたりして。ふつうは多かれ少なかれそういうものだという世間一般の考え方は牢固としてありますね。

後藤　わたしもそう思います。基本的にはそのような考え方から出発して、その先に生活する相手とのさまざまな事情をからめていくものですよね。そしておそらくそのときの大原則は、破滅させてはいけないということなのでしょう。

そうだと確認したうえで、今日わたしがお話ししたことはそれではなんだったのかと考えてみますと……。実際にこの建物が建っていた二十年間、わたしのなかの何がつねに建物と共鳴していたのか、ということになります。

本来なら住まいに対する要求というのはつねに具体的な状況に呼応しながら、使いやすさとか実用性といったかたちで出てくるはずのものですよね。その線上で人と住まいが要求しあい、たがいになじんでくるのだと思います。

ところがこの建物は、その線での勝負を最初から拒んでいるといったらいいのでしょうか。どうしても（人と住まいが）要求しあうことが精神的なことになってしまいます。この建物は「家族」という独立した個人どうしの結びつきとして関係したときにはじめてそれ自身として生きてくるような気がするのです。ですからその「関係のあり方」ということにとても意識的になりました。いい関係をもつために、必然的に主体性ということも意識するようになりました。

わたしは住みはじめたときまだ十一歳でしたから、その意味ではちょっと背伸びしていたかもしれないのですけれど、主体性をもった独立した個人という意識はずいぶん鍛えられたと思います。わたしはまず「自分自身との関わり方」を学びました。そこからそれをもとにして「家族関係」が生まれたし、さらに「家族と建物の関係」も生まれたと思います。このようにさまざまな関係を考えるうちに、主体性ということについても、いろいろなレベルでそれがありうるのではないかと考えるようになりました。

個人の主体性だけでなく、「家族」もそれ自体がひとつの有機体として存在し、主体性をもって「建物」と関わる。その意味では「家族」を主体性をもったひとまとまりと考えることができますし、さらに広げれば「家族と建物」もそれ自体がひとつの有機体として機能し、主体性をもって他との関係を築くと考えられると思ったのです。近所の人がこの建物を不思議だなあと思ってみるとき、じつはそこに住む人間も不思議だなあと思ってみられている。「家族と建物」が一体となって不思議の対象になっているわけですよね。

このように考えると、これを壊すということも「家族と建物」というひとつの有機体がその主体性のもとに変化した、といえるような気がするのですが。

後藤文子

一九九七年二月二十一日、中野本町の家にて

後藤　もう何年も前から、おりにふれて家族三人で「ここにずっと住んでいこうか、どうしようかね」と話し合う機会がありました。そういう時期がずっと何年も続いたと思いますが、やはり何か決断しなければという時期がまいりました。昨年の二月はじめに、母と姉がそれぞれに外にアパートを借りてこの家を出たときには、これまでのようにここに三人で暮らすことはもうないだろうと、私たち三人のそれぞれが承知をしておりましたし、母自身がもうここに戻ることはないと心に決めていたようです。

そうした状況のなかでの私自身の感じ方は、母や姉とは少し違っていました。基本的に私はこの中野の家が好きなので、最後に、私自身のものの感じ方や考え方をも含めて自分にとっていちばんきれいな空間にして、ここにひとりで住んでみようと思いました。「きれいな空間」というとき、この家の場合は「何もない」のが何にもまして「きれいな空間」です。

母と姉がそれぞれの持ち物を持って家を出ましたので、その意味でも部屋のなかのこのあたりにあったものが以前に比べて少なくなったりという状況はありました。できるだけ物を減らして空間だけ、というようにしてここで暮らそうと……。「暮らす」という言葉は適切ではないかもしれません。むしろ、この空間をもう一度自分で生きてみようと思いました。昨年二月に母と姉が家を出ましたときに私がここにひとりで残ったのは、いまお話ししたような理由からでした。

ですがそのようにして始めたひとり暮らしも、実際には惨澹たる状態になってしまいました。やはり仕事がありますので、毎朝飛びだすように家を出て夜も遅くなって帰ってきて、そのうえこの空間をきれいな状態で保つというのはもうほとんど不可能に近くて、散らかり放題に散らかってしまいました。それは非常に疲れる体験でしたし、「ああ、やはりだめだなあ」と痛感しました。

と同時に、私にとってそれはとても不思議な体験だったのですが、ふつう「家」というのはそこに人が住んでいれば、家も何か生き生きと生きているというのに、ここでは自分がここにいるにもかかわらず家が後退していくような感じがしました。それは家の内部空間についてだけいえることではなくて、たとえば夜、駅から歩いて帰ってきたときのこの家の見え方についても同様でした。二十年前のこの家が建ったときに比べてこの地域もとても変わりましたので、そういう外側の地域のなかにある建物という意味でも、「どうして人が住んでいるのに建物が過去になるのかな」と感じました。そしてそうした体験を一年間続けた末に「出よう」と決心をしました。

出る決心をしたものの、「じゃあ、この家でなかったら次にどこにいこう」と考えたとき、私にとっては建物だけではなくて、自分がどの地域にいるのかということがとても大きな意味をもっていました。これは、私が中野の家に住むことを通じて知らず知らずのうちに得たささやかな建築観だといえるかもしれません。住むということは、その多くの時間や体験を建築というコンクリートの塊のなかで積み重ねることでありながら、でもけっして建築の内部空間だけで完結するものではなくて、おのずと建築の住み手は建築を通して地域と交感していると思うのです。これは住み手にだけいえることではなくて、同様に建物それ自体さえも、必ずやそれを包みこんでいるひとまわり大きな地域的な場と交感していると思うのです。私の目には、たまたま私の家であったこの建築が、まわりから孤立したコンクリートの塊としてではなく、中野

インタビュー・ビデオから

区本町あるいは新宿という都会的な地域のなかにまさしく存在しているひとつの建築として映っていました。次にどの地域にいこうかと考えたときの「地域」は、ですからたんに通勤に便利だという意味での「地域」ではなく、もう少し私自身のものの感じ方や考え方と結びつきながら、精神的にもゆっくりと交感することのできるものであってほしかったですし、そのような地域は、この家ができる前に暮らしていた土地を除いてはほかにないように思われましたので、そこに戻りました。

――「建物が過去になる」というのはどういうことなんでしょうか。「時代遅れ」ということとは違いますね。

後藤　そうですね。時代の問題というよりは、むしろ私自身と建物との関係です。私の実感にもっともふさわしい表現としては……後退していくような感じ、です。自分がここにいるんだけれども、建物がぐうっと後ろにさがっていくような感じ。うまく言葉にならないですが、なんとも不思議な感じでした、それは。たんに「過去に引き戻される」というのとも違っていて……。というのも、私はいま現在ここにある、ということはむしろ強く意識されていましたので。

「中野本町の家」にて

——生活感といいますか、家というものは人が生活していればなにかしら活気づいているとおっしゃいましたが、むしろそれとは逆のような感じでしょうか。

後藤 おそらく先ほどの地域の問題と通底しているといえるかもしれません。ひとつの建築の存在を規定しているのが、そのなかに住む住み手であると同時に、それをとりかこんでいる地域だとして、もしそれら三つのものがおたがいの関係においてバランスを保ちながらありつづけることがむずかしくなってきたら、きっとあたかも建物が後退していくように感じるのではないでしょうか。

——ではむかし住んでいたところに戻られた。それは、やはりそこに思い出があるとか、その雰囲気が落ち着くということですか。

後藤 ここにまる二十一年間住んで、いまの自分の人格や感性はこの家、家というよりもむしろこの空間でつくられたと、そう思っていて……それは確信をもってそう思っているのですが、その一方で、かりにもし、私にとっての「原風景はどこ?」と尋ねられるとしたら、

旧宅の三田アパートのベランダで幸子（左）と

それはこの白い空間ではなくて別の風景だと思っているのです。
むかし港区の三田というところに住んでおりまして、ちょうどアパートから小学校に通う通学路の途中に木の鬱蒼と茂った坂道がありました。綱坂という坂なのですが、私にとっての原風景は綱坂だな、とずっと思ってきました。なぜ綱坂かというと、小学校にいく途中にその坂の石垣にいるナメクジに塩をふりながら道草をして、子供のテンポでゆっくりとそこを歩いた記憶があったりして……。それから、その綱坂を登りきって三井倶楽部に沿って左に曲がると、今度は三井倶楽部とオーストラリア大使館のあいだに通称「幽霊坂」と呼ばれる坂があります。この幽霊坂を下って慶応中等部沿いに歩いてくると、またもとの綱坂の下に戻ってきます。ちょうどこのふたつの坂に囲まれた小さな断片のような場所に、当時住んでいたアパートが建っているのですが、私にとっては、そこが「過去」に結びついたほんのささやかなサンクチュアリのような場所なのです。それで三田に戻りました。

―― この家、あるいは空間が人格形成にかなり大きく影響しているとのことですが、たとえば幸子さんの場合は、むしろこの家のもつある種美術館やギャラリーのような独特のそうした空間性には無意識だったとおっしゃっていました。文子さんの場合は少し違って、つねにこの空間を意識されてきたのでしょうか。

後藤　意識はせずに、自然に何かが身体のなかに沈殿していったような感じだと思います。そもそもこの建物を「家」ととらえたことはなくて、「ああ、ここは自分の家だな」と感じるようになったのはせいぜい二十歳過ぎてからのことです。それまではこれを「家」ととらえたことはなくて、かといって十代のころにこれを「空間」だと考えていたわけでもないのですが、いずれにしても「家」という言葉はこの「建物」にはあまりふさわしくないように思います。

一方、「空間」としては、自分の身体に直接的に訴えかけてくることが非常に多い空間だといえると思います。たとえば音の反響ですとか、寒いということもそうですし。雪が降るともっと寒いですが（笑）。それから、床で新聞を読んでいるときにぱっと立ちあがってこのつくりつけの大理石のテーブルにぶつかったときの痛さとか、床から出ているライトに突っかかったときの痛さとか（笑）、ちょっと触っても白い壁を汚してしまうといった、直接的に身体に訴えてくる要素が非常に強くて、そのような空間的な環境のなかで育ってしまった何かが自分のなかにもしかするとあるかもしれません。

――この住宅の場合、たしかに空間と住み手との関係は明確にならざるをえないですね。

この家の美術館のような部分、つまり触れてはいけないとか、注意しないとぶつかるとか、だとすれば文子さんはそういう緊張を強いられるなかで、でもそれを自然として育ってきた。幸子さんは「家庭」と「家族」とは明確に違うと意識されていました。文子さんは、いわゆる家庭とかお茶の間とか、そういうものに対する憧れのようなものを子供心に抱くことはありませんでしたか。

後藤　母とはおそらく事態の受けとめ方のレベルが違うと思うのですが、三田に住んでいたときに父が亡くなり、その後すぐにこの家が建てられて越してきました。当時、母が私たちに「引っ越そうかね、どうしようかね」と尋ねたときのことはいまでもとてもよく覚えていて……そのときは子供心に「転校してみたいな」と思ったので「行く、行く」って言いました（笑）。たしかに転校もできて、それはおもしろい体験でしたが、一方で、子供なりに母の態度から三田を切り捨てて、振り払ってここに来たということを無意識のうちに感じとっていたのではないかと思います。といっても、それは後になってわかったことですが。とにかく父のことは口にしない、それは「切り捨てる、切り捨てる」と小学校のころから意識的にそう思っていましたので、「お父さんがいたらいいな」というふうにはあまり思わなかった……。家庭的なものに対して憧れを抱くこと自体を、子供のころに切り捨ててしまったようなところがあります。

――かつてはこの住宅とはもう少し違う、生活の場所があった。ところが家族構成に変化が生じたのと同時に、それを包んでいた環境そのものも変わってしまった。そのことに対してとくに強く思われたことはありますか。それとも新しい環境に自然に入ることができましたか。

後藤　おそらくいま思い起こしても、たとえば「住みやすい」とか「住みにくい」という概念は子供の私にはまったくなかったと思うのです。ここを「家」として総体的にとらえるということはなくて、先ほど申しましたように、たとえばぶつかって痛いとか、汚すとか、そういうひとつひとつの接触によって「建物」と「自分」との関係というものはたしかにありましたが、ここが「住みやすい場所だ」とはまったく考えていなかったと思います。けれどもひとたび動物を通した場合には「住みやすい」「住みにくい」という言葉が子供なりにあったと思います。

この家ができたときからずっと十四年ほど飼った犬がおりまして、犬のほかにも猫を拾ってきたり、ウサギを飼ったり、鳥を飼ったり、二十日鼠を拾ってきたり、しょっちゅう小さ

「中野本町の家」北面

い動物を拾ってきては飼っていました。そうすると不思議なことに、動物たちがこの建物の中庭に入れられると必ずといっていいほど嫌がるんです。犬の場合などは、私と遊んでいるときはいいのですが、飽きてしまうと途端に中庭から出ようとするし、猫の場合は、ちょっと半狂乱になったように飛びあがって庭から出ていこうとするんです。住宅の中庭としてはそれほど狭いわけではなく、しかも土と雑草で自然のままに近い場所なのに。たぶん、音の反響のせいだと思うのですが、コンクリートで囲われた中庭の音の反響が動物にとってはものすごく気持ちの悪いもので、彼らはただもうやみくもに中庭から出ようとしました。

小学生のころに体験した出来事ですが、ちょうど家の外に二十日鼠が何匹か鳥かごに入れられて捨てられていたので拾ってきて、中庭に置いておきました。ある朝目が覚めるとそれが二、三十四に増えて、しかも全部鳥かごの柵のあいだから外に出てしまって、中庭を、とにかく三十四近い二十日鼠の白いのがぴょんぴょんと飛び跳ねていました（笑）。ところが数日後、突然、それらの一匹残らず姿が見えなくなってしまったのです。

この家の建っていく状況は見ておりましたので、この下にコンクリートの基礎があるということは知っていて、ですからコンクリートをさらに下に突き抜けて二十日鼠が出てしまうわけはないから、コンクリートの基礎と土のあいだで死んでしまったか、もしくはどこかに穴を見つけて出ていったか、そのどちらかだと思いました。いずれにしても「二十日鼠にとってこの空間は住みにくかったんだ」と、つまり私自身の事柄としてこの家の「住みやすさ」「住みにくさ」を語る言葉は当時の私にはなかったけれども、動物を通しては子供なりに感じるものがあったと思います（笑）。でもそれほどに、動物としての本能とか身体とかそういうものに訴えてくる、反応してくる何かがきっとこの建物にはあるんだと思うのですが……。（笑）

――お友だちの家などでは、たとえば仕切られたほどほどの部屋で炬燵に入ったり、ソファに寝転がってくつろいだりする、いわばふつうの意味でのお茶の間や居間があったりしますね。そういう住まい方のできる家に対してうらやましく感じたり、逆に違和感をもたれたりということはありませんでしたか。

後藤　それは……あまりなかったと思います。もちろん、この家と私との関係がつねに安定し、一定であったわけではありません。年齢に応じて、私にとっての建物の意味もたえず変化していました。たぶんそれは小学生のころではなかったと思いますが、中学か高校のころ、とくに高校生のころは「このなかにいれば安全だ」という感じをとても強くもっていました。安全なんだけれども、その安全さを保障している力に反発する力も一方にはあって、かなり反抗しました。反抗して夜家を飛びだしたりということもかなり繰り返した時期がありましたが、基本的に「このなかは安全だ」と感じていました。

——それは抽象的、心理的な意味での安全さであって、たとえば外を不良が歩いているから危険だということではないわけですね。

後藤　はい。ただ「このなかにいれば安全だ」と感じる心理は、どうしても内へ内へと内向してゆく心の働きにも通じていて、ある意味では自分にとってマイナスだと思っています。でも、それはどうしようもない、この家、というかこの空間から受けた影響かな、とも思うのですが……。

——いまでもそう感じていらっしゃいますか。

後藤　そうですね……基本的には変わりようがないし、逆にこの家で形成された自分というものはここから外に出ても変わらない、と思えるようになって、今回ここを出る決心をしたということもあります。

――外から守られている家を出て、今度は危険なところに住むことを選択してしまったわけですが（笑）、それは大丈夫ですか。

後藤　はい（笑）、ほんとうにワンルームの築二十七年のアパートなのですが、やはり越してすぐのころはとにかく不思議な感じがしました。まず、部屋の扉を開けて出ると共有の廊下があり、他所の人が扉を隔てたすぐ外を歩くのがすごく気になりました。隣室の鳩時計がたえず聞こえてくるのも気になりました。それから、部屋のかたちが玄関を入るとそのまま、ずどっと縦長のワンルームなのですが、どうしても部屋のなかでの自分の動きが縦方向に制約されている感じがして……それがなんとも不思議なんですよね（笑）。そうした部屋のかたちの制約もあって、ベッドをやはり縦方向に置いているのですが、夜寝ていると隣の部屋の人も自分と同じこの方向を向いて寝ている、その隣の人もきっとこの方向で寝ている、みんなシェルのなかにいて同じ方向を向いて寝ているという感じがすごくあって「変だなあ」と思いました（笑）。でもそのことを友だちに話したら「いままでがおかしいんだから」って言われましたけれど（笑）、私にとっては四角い部屋というのは変ですね、すごく変。（笑）

——一般には、たとえ就職して独立したり、結婚をして個別に住むようになっても、必ずしもそれによって空間的な体験まで変わるわけではないと思うのですが、文子さんの場合はそのふたつを同時に体験された。ただその前に一度、それまで自分が無意識のうちに感受してきた空間をあらためてひとりで生きて確かめる機会をもったというのはしあわせなことですね。

後藤 すぐめげましたけれど（笑）……「こんなに大変なことはもうだめだ」と思いました。とてもじゃないけれど疲れてしまって……。

——それは住宅としての機能の問題だけではないですよね。

後藤 はい、「機能」ではないです。もちろんこの家に住みながら、家族でよく「お風呂が寒いね」とか、「家具がうまく置けないね」と造りの不便さをこぼすことはあって、おそらくそうしたひとつひとつが、いわゆる建築の機能に向けられた私たちの言葉だったとは思います。でも不思議なことに二十年間という長い時間のなかでこの建物をとらえかえしたとき、じつはそうした愚痴のひとつひとつはそれほど重大なことではなくて、つまりこの建物の空

浴室。左がトイレ、右奥に浴槽

中庭の壁の前で

間は機能ということをも突き抜けてしまっていたように思うのです。では機能ゆえのものではなかったとしたら、あの去年の疲れ方はなんだったのでしょうか……。

——ひとりで住んでいらしたからでしょうか。

後藤 ……。逆に、いまアパートに暮らしてみてとても楽なんですけれども（笑）、「身体が楽だ」という感じがしていて。それに比べて去年のあの疲れはなんだったのでしょうか？ 憂鬱になってきてしまうんです。けれどけっしてそれはこの建物が嫌いだからではなくて、むしろ逆なんですけれども……。日常的な物がこういうところに増えていけば増えていくほど気になっていらいらしてしまうんです。よく片づいていて、物が散らかっていない今日のような状況だと、かなり建物本来のオリジナルな状態に近いかなと思いますけれど。でも、物がない状態というのは「家」ということとは少し違っていると思いますので。とにかく去年一年、体力的に大変でした。

——体力的にということもありますけれども、やはり三人で住んでこられたということがこの家にとって重要なことだったのでしょうね。お母様にしても、ある時期の思いがあまり

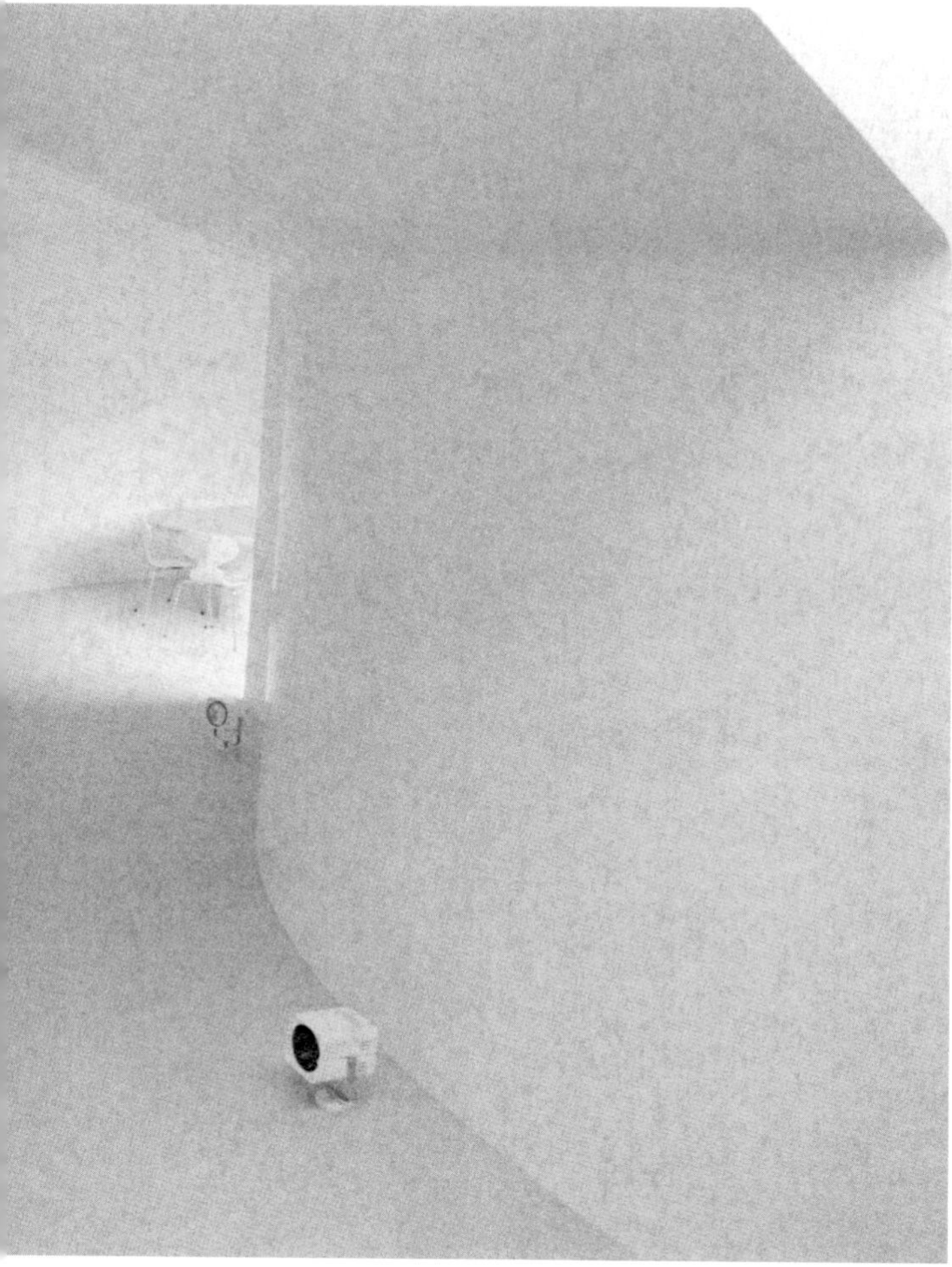

ふたりで本を読む

にも強すぎたことがこの家を出る決心をされたいちばんのきっかけのような気がしますが、みなさんも、この住宅がとにかく好きで、好きなだけにというか、思い出なり好きさ加減が強すぎたために住みつづけることができなくなった。なかでも文子さんの場合は、この家でのひとつひとつの体験がテーブルにぶつかって痛かったりしたことも含めてかけがえなく重要であるとお考えになっているようですね。

後藤　自分自身の感覚としては、この「家」のことが自分の外にあって客観的に話すというのではなくて、自分のなかに自分と建物との境界線というのはなくて、自分のなかに家があるような……、「家」というか「空間」があるという感じがしているので、どうしても切り離せないですね、自分とは。

――その一点がたぶんお母様や幸子さんとの違いではないかと思いますね。

後藤　そうかもしれません。

――逆にいま、ふつうのアパートに住んでおられて、何か不安に感じることはありますか。

この家にいるときは外から守られているような安全な心理状態になると先ほどおっしゃいましたが、それに比べて、精神的なことも含めてどうですか。

後藤　いちばん不安に感じるのは地震です。アパートにいてゆれるとすごく怖いですね。もう、どこに逃げようかと思います。たしかに、この中野の家でもかなり揺れたことはありましたが、でも構造的にはかなり安心だと聞かされて育ったので（笑）、ここから出て怖いものは地震です。

精神的には……それは……あまりないです。ただ……少し話が飛ぶかもしれないのですが、昨年二月に母が家を出た後で、母が出ていったというよりも、施主が出ていったという感じがとてもしました。それで、家のなかから施主がいなくなったということは「ああ、じゃあもうおしまいかな」と思いましたけれど……。

――それは、ご家族同士で抱く素朴な感情としてお母さんが別のところにいかれた、というのとは別なことですね。

後藤　はい、少し違いました。

――やはり文子さんは家の身になっていらっしゃるんですね。（笑）かりに文子さんが住宅をつくるとしたら、どういう住宅にしたいと思いますか。「こんな家に住みたい」ということでもかまわないのですが。

後藤　どんな家かな……むずかしいですね、それは。それはよくわからないです。ただ……いまみたいなワンルームのアパートに暮らしてみて……「こういうところにも住めるんだ」と思いました（笑）。「こういうところにも住めるんだ、こういうところにも人は暮らせる、ふつうに気持ちよく暮らせる、お風呂の水がたくさん出て（笑）、そうだよな、こういうところでも大丈夫なんだ」って思っている状況なので、その先はまだちょっとわからない……。

――住居にはいろいろなとらえ方がありますね。私はときどき毎日長靴を履いていられる生活に憧れたりするんです。要するにいまの自分の都市生活にはないものです。だから農家みたいなところで暮らせたらいいなと考える。不便かもしれないけれども。この住宅は特殊だと、なんとなく前提として考えていますが、じつは世の中のどれが標準的な家か、どれが特殊な家かはなかなか定めがたいわけですからね。

後藤　ええ、そうですね。

いま農家という言葉を聞いて、ふと自然がある場所とか、山並みが後ろに見えている場所が頭に思い浮かんだので、突然話が飛ぶかもしれないのですが、昨年ここでひとりで暮らしていたときに、この家、というよりもこの建物が後退していくような感じがしたと前にお話ししましたが、もしこの建物がどこか過疎の農村の、山の麓に建っていたらきっと壊さなくてよかっただろうな……と思ったことがあります。

ここは新宿にも近いためか急激に地域の様子が変わる場所で、ほんとうに周囲がどんどん、どんどん変わってしまいました。駅からここに来るまでの道の途中にも新しいお店ができたり、食べ物屋さんができたり、それはもう目まぐるしく変わる地域で、そうしたなかでふと建築について考えるとき、やはり「その地域のなかでの建物」ということも大きな意味をもつように思うのです。どういう地域のなかにその建物があるのか、というのもきっと大切なことではないかと思っていて、こんなにまわりが汚く変わっていくなかで、ずぼっとここだけ落ちこんでしまうように感じました。あるいは夜帰ってきたときのこの家の見え方とか何か違うんじゃないかな、と思わざるをえなくて。ですから、むしろ山の麓なり、どこでもいいのですが、まわりがあまり変わらないところにこの家が建っていたなら、きっと今回のような問題は起こらなかっただろうな、ずっとこの建物がありつづけるということもできただろうな、と思うのです。でもそれも、きっと仕方のなかったことでしょうけれども……。

たぶん母も姉もお話ししたかと思うのですが、自分たち以外の人がここに住んでまでこの家を建物として残しておくということはどうしても理解できませんでしたし、嫌でした。そうこう考えていたときに、安藤忠雄さんの書かれた本を読みました。安藤さんは、住宅は、たとえばそれが建てられてから十年経って、そこに住んでいる人の生活が変わったとき、もう一度その人たちにとって住みやすいように増築をするということを非常に積極的に評価されていらして、ですから最初に建ててから十年後の家というのは、安藤さんにとってはまた更地と同じで、そこに新しい創造をする、そういうふうにしながら住宅というのは生きていくものだ、と書かれていました。それを読んだとき、たしかにとても説得力を感じました。でもその反面、「いや、でもこれはやはり物をつくる人のエゴだな」とも思わざるをえませんでした。「はたしてこの家を、この建物をいまつくりなおすのか、どこか変えるのか」といわれても、それはできない。

ただ昨年、この家のことをあれこれ考えていたときに安藤さんのお書きになったものを読んで共感を覚えたりもしましたので、お建てになった建築もいくつか見て歩きました。大阪の教会も、それまで写真などで見て思い描いていたのと実際の印象とはずいぶん違っていて……。訪ねた日はちょうど秋晴れのほんとうにいい天気でした。思っていたよりもずっと明るさを感じる空間で、とても印象的でした。

でもこの家は、やはりずっと私たちが住んできたのだから、私たちが住まなくなったら取り壊すしかないと考えたのです。

住宅の死をめぐって

伊東豊雄

目前でそれは無残に打ち砕かれ、みるみるうちにコンクリートの瓦礫の山を築いていった。みずから設計した建物が消滅する姿に建築家は立ち会ったことがあるだろうか——

一九九七年二月二十八日「G邸」（中野本町の家、海外では通称White U）はふたたび何もない空間になりました。二十一年間の歴史が滲み出て白いプラスターの壁もカーペットもすっかり黄ばんで、完成当時のまぶしいほどの純白、というわけではもちろんありませんが、それでも天井のスリットからさしこむ光はまったく同じように、壁から床に向かって折れ曲がる細いスリット状のラインを描きだしていました。

そして雑誌に掲載された写真と同じように、光のスリットの下でマッキントッシュの椅子だけが白い空間のなかに幻影のように浮かんでいました。この椅子だけは私の所有物であったので、すべての物が運び去られた後にもここに置かれていたのです。椅子の座に張られて

いた緑のベルベットもすっかり色褪せまわりの黄ばんだ壁に同化していました。

無雑作に伸びた中庭の雑草や、茶褐色にコンクリートの壁や屋根を覆っている蔦の印象も加わって、家はまったくの廃屋に変わって見えました。何年間も廃屋であったかのように見えました。生活の道具が除去されただけで、家はこんなにも変わってしまうものでしょうか。

ところが、それから半月も経たないうちに、廃屋どころかこの家は跡形をとどめない姿になってしまったのでした。人手に渡ったとは言っても二、三ヵ月は廃屋として存続すると思いこんでいた私はひどい衝撃を受けました。湾曲する二枚のコンクリートの壁面は無残に打ち砕かれ、粉塵をあげてみるみるうちに瓦礫の山を築いていきました。

みずから設計した建築が自分の眼前で解体され、瓦礫と化していく事実を、私はほとんど茫然と見つめていました。淋しいとか無念とか、空虚なといった感情はほとんど起こりませんでした。そうした個人的な感情をこえたもっと大きな何かによってこのような事態が展開されているように思われました。しかしそれはけっして自然の力ではありません。草木が枯れて自然に還っていくような流転のプロセスにあるのではなく、何か抗いがたい力によって破壊が進行しているように思われました。それは水気を喪った都市空間のうちでのみ起こりうる乾き切った破壊力とでも言ったらよいでしょうか。おそらくこの破壊の後には、一年もしないうちにまたコンクリートの建造物が数倍のヴォリュームで土地を埋め尽くすことにな

前ページ・解体作業中の「中野本町の家」

でしょう。雑草がはびこるようなすさまじい勢いで醜悪なコンクリートの塊が立ち上がってゆくにちがいありません。土を奪い緑を奪いながら繰り返される破壊と増殖、その醜悪化の過程こそがこの都市に内包されたエネルギーと呼びうるものなのか、そんなことを想いながら白い粉塵を見つめていました。

みずから設計した建築が消滅するときの姿を私はこれまで考えてみたことはありませんでした。私のみならず、ほとんどの建築家がそんなことを考える機会はめったにないでしょう。みなひたすらつくることだけを考え、できあがった瞬間から、それは他者として自立し、むしろみずからと向かいあう存在となるのがつねです。

過去にも一度だけ解体される建築と向かいあった経験はありました。六本木の「ノマド」(一九八六年)と名づけられたレストランバーです。鉄骨で組まれたほとんどワンルームのヴォリュームはあっという間にでき、わずか三年も経たずに壊されてしまいました。しかしこの場合は、設計当初から仮設であることが見込まれていました。鉄骨とはいえ仮設の芝居小屋のようなイメージで建てられ、壊されたのです。八〇年代の東京ではそうした破壊と建設は日常茶飯事でした。建築はまるで紙でできているかのように壊され建てられました。したがって「ノマド」が壊されたときには今回のような感慨はまったくありませんでした。起こるべくして起こったぐらいにしか考えていなかったのです。しかし今回は違いました。自己の感情をこえる何かの力で突き動かされているとはいっても、それは建築をつくることの意味の本質に問いかけてくる何かがありました。当然のように日々おこなってきた設計という行為を根底から問いなおさせずにはおきませんでした。

家は家族の肖像であると言われるが、この家の場合それは死に直面した家族の肖像であった。外に対しては頑なに閉ざされたコンクリートの壁、内側の一点に向けて傾斜する屋根、黒い土のままに据え置かれた中庭、それは内向し沈む家族を象徴していた——

「G邸」は私の姉とそのふたりの娘のために一九七五年に設計が開始されました。当時姉は三十代後半でふたりの娘は小学生でした。この家族はそれまで都心の高層アパートに住んでいました。東京タワーと間近に向きあったいわゆる高級マンションでしたが、彼女たちは一九七五年に夫、父親を癌で亡くしました。私の義兄は家庭を大切にしてゴルフを好む典型的な大企業のエリートビジネスマンでした。したがって一家の中心の突然の死は家族にとっては思いもよらぬ衝撃的な出来事でした。とくに亡くなる前の一年間は看病のためほとんどの時間を病院で過ごし、悲嘆にくれてアパートに戻って間もないころに「G邸」のデザインは突然始まったのです。まったく偶然だったのですが、私の家に隣接する土地が売りに出されたのです。結婚前には姉も私の家に一緒に住んでいましたから、隣地といえども姉にとってはなじみ深い場所でしたし、亡き夫や父親の想いを払拭するためには、新しい家に住んでみようかと考えたのも自然な成り行きといえるでしょう。彼女たちはアパートを売却し、土に接した家をつくろうと決断したのです。

およそ百坪あまりの正方形に近い土地を前にして、姉の新しい家に対する要望はふたつでした。まず第一は大地にべったりとへばりついたような家にしたいことでした。それまで土地から離れた場所に住んでいたので、移り住むなら土や緑を強く感じて住みたいと考えたのでしょう。そして二番目はL型の空間にして、家族が庭を挟んでたがいに見透かすことのできる関係をもつような空間にしたいという要望でした。これもマンション住まいでの味も素っ気もないプランへの反作用から生じた結果のようでした。

いずれにせよ彼らは土や植物に対する強い執着を示しました。おそらくそれは空中の住まいへの反作用だけではなく、亡くなった夫・父親への想いによるものであったと思います。義兄の実家は岐阜の田舎にあり、毎年春には一家で出かけて山菜を探しまわったり、竹の子を掘ったりしていたからだと思います。したがって新しい住まいには、通例の住宅設計のように機能や効率が満たされるよりも「家族」の記憶と絆を象徴する空間が強く求められたのです。クライアントである姉と設計者としての私のあいだで交わされた設計過程における会話は、ほとんどが「機能」に関わるものではなく「空間」に関わるものであったように記憶しています。むろんその時点でさほど意識的であったわけではありません。機能的な要求が少ないのをよいことにして、私が自分の意図する空間のスタディに没入していったと言うほうが当たっているかもしれません。しかし設計が進むにつれて、あるときから空間は拡散する方向ではなく内向し求心化する方向へとひたすら向かったのは、何か象徴的な空間を求める意志がクライアントにも設計者にも強く働いていたからにちがいありません。

後に振り返ればイメージは最初から存在し、思考はひたすら直線的に進行したかのように思われる。だが設計の始まりはいつも空白だ。魚のいない水の中へと釣りざおを何度も投げているようなものだ。何かの拍子にピクリと糸が引いたときからにわかにイメージは作動しはじめる——

設計は七五年十月からその年の暮れまでのほぼ三ヵ月間にわたりました。この「G邸」以外にはたいした仕事もなかったので、事務所のスタッフ全員で図面を描き模型をつくる日々が繰り返されました。全員といっても私を含めてわずか三、四名で、祖父江義郎、石田敏明など現在独立した事務所を構えてがんばっている人たちです。

設計を開始してしばらくはいつも試行錯誤の日々が続きます。もっともふさわしい機能の関係がどのようなものか、その組み合わせの可能性を模索しつつ、全体のヴォリューム感をつかむ期間です。一、二週間もそのようなスタディを繰り返しているうちに、突然全体を統合するイメージが浮かんでくるものです。それは三次元のもやもやした空間的イメージとしてあらわれる場合もあれば、比較的はっきりとした形態のイメージとして立ちあらわれる場合もあります。あるいは二次元の平面を統合する軸や曲線として浮上する場合も少なくありません。いずれにせよそれらのイメージが脳裡にある記憶から引きだされてくるのは間違いないでしょう。その仕組みは定かでありませんし、何が引きずりだされてくるのかはかなり気まぐれなようにも思われます。記憶の原風景とか建築的思考の映像化などとも言われますが、それはそんなに高邁なものでもないし、本質的なものでも必然的なものでもないように思われます。ほとんど思いつきと言ったほうがよいぐらいの頭の片隅にほんの少しだけ残っていたたわいもない記憶がきっかけになるものです。ですから、自分のスケッチブックなぞはとても恥ずかしくて人に見せられる代物ではありません。

「G邸」では平屋建てであったこともあって、ほとんどのスタディはプラン主導で進められました。□型のプランから磁石のようなU字型プランにいたるのに時間はかかりませんでした。しかしこのわずかな時間の間にプラン上の大きなふたつの変化がありました。敷地中央に南北を貫く強い軸線が発生したことと、リニアなチューブ状の空間を意識しはじめたことです。このふたつの変化はこの住宅の設計において非常に大きな意味をもったように思われます。軸線は外形を強く支配し、リニアなチューブ状の空間は内部を強く支配したからです。

外部に見られる単純な幾何学形態と内部に感じられる地下のラビリンス的空間、この矛盾と対立が設計のプロセスにおいて相互に牽制しあって緊張を持続させることになったと思われます。いずれか一方にのめりこんでしまったら、おそらくこの空間のおもしろさは半減したにちがいありません。

さらに正確に当時の記憶をたどれば、初期のU型プランでは軸線が強く全体を支配していました。中央の軸を中心にしてプランはほとんどシンメトリーで、エントランスも中央に採られていました。エントランスのドアを開くと中央に大きな開口があり、いきなり前庭が拡がっているような明快な空間構成でした。多くの開口部がU型の庭に面して設けられ、クライアントの求める空間構成にほぼ沿ったプランが構想されていました。

一本の軸に沿った空間の配列は、「千ヶ滝の山荘」（一九七四年）や「黒の回帰」（一九七五年）、「ホテルD」（一九七七年）などその前後にまたがる作品にいずれもはっきりと見られます。そしてそのいずれにも特徴的なのは、いったん軸を形成しながらそこからずれたり歪曲したりする空間をつくろうとしている点です。徹底したシンメトリーが耐えがたく思われるのは「G邸」の場合も同じでした。「G邸」の場合は軸の存在がより強く意識されたために、そこから逃れたい感情も他の場合より強かったようです。

プランの変遷

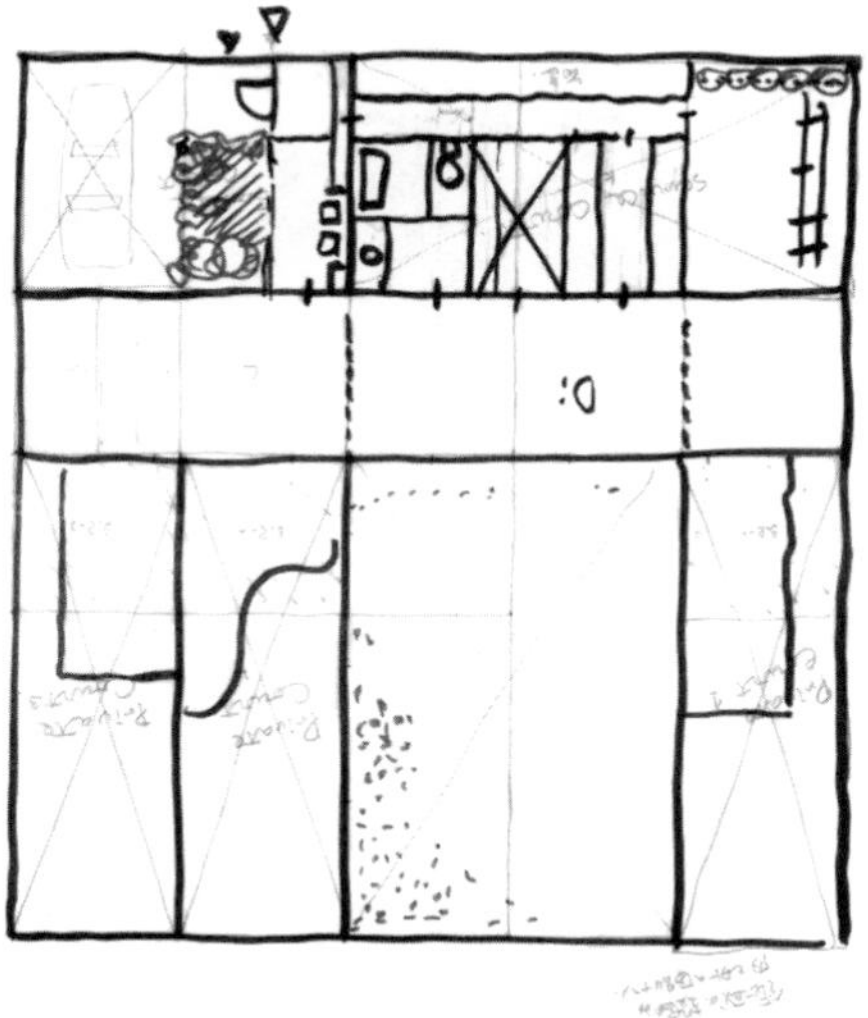

最初期の案のひとつ。コモンスペース、各個人のスペース、水まわりなどにそれぞれ独立した領域も与えられている

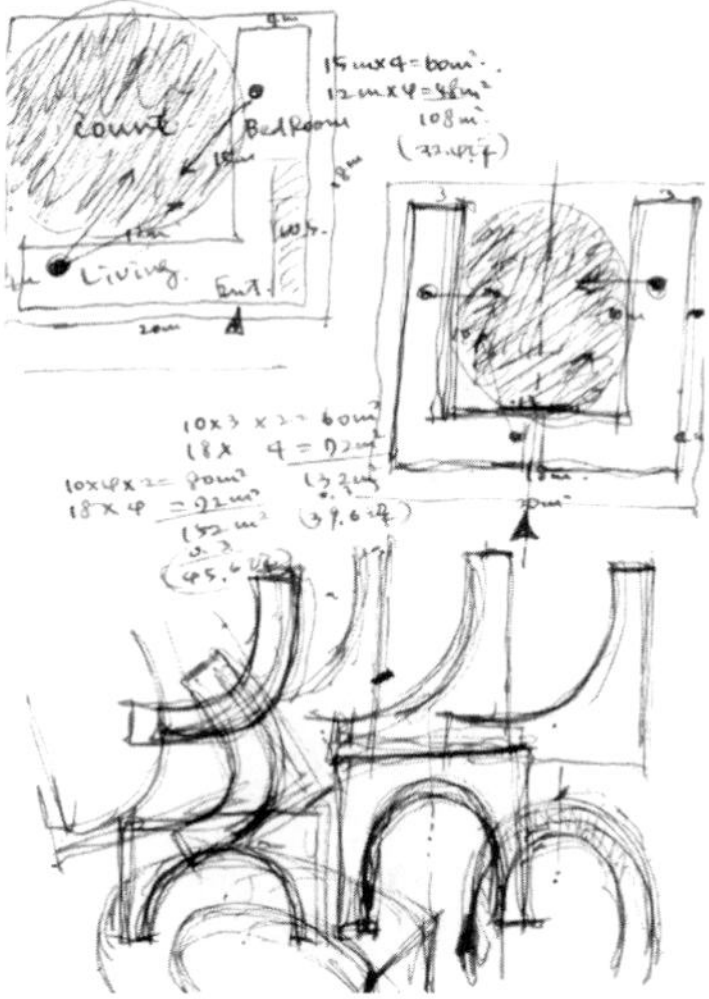

ノートに絵が描かれた初期のスケッチ。住まい手の最初の要望にもとづくL字型からU字型への変化の過程がみられる

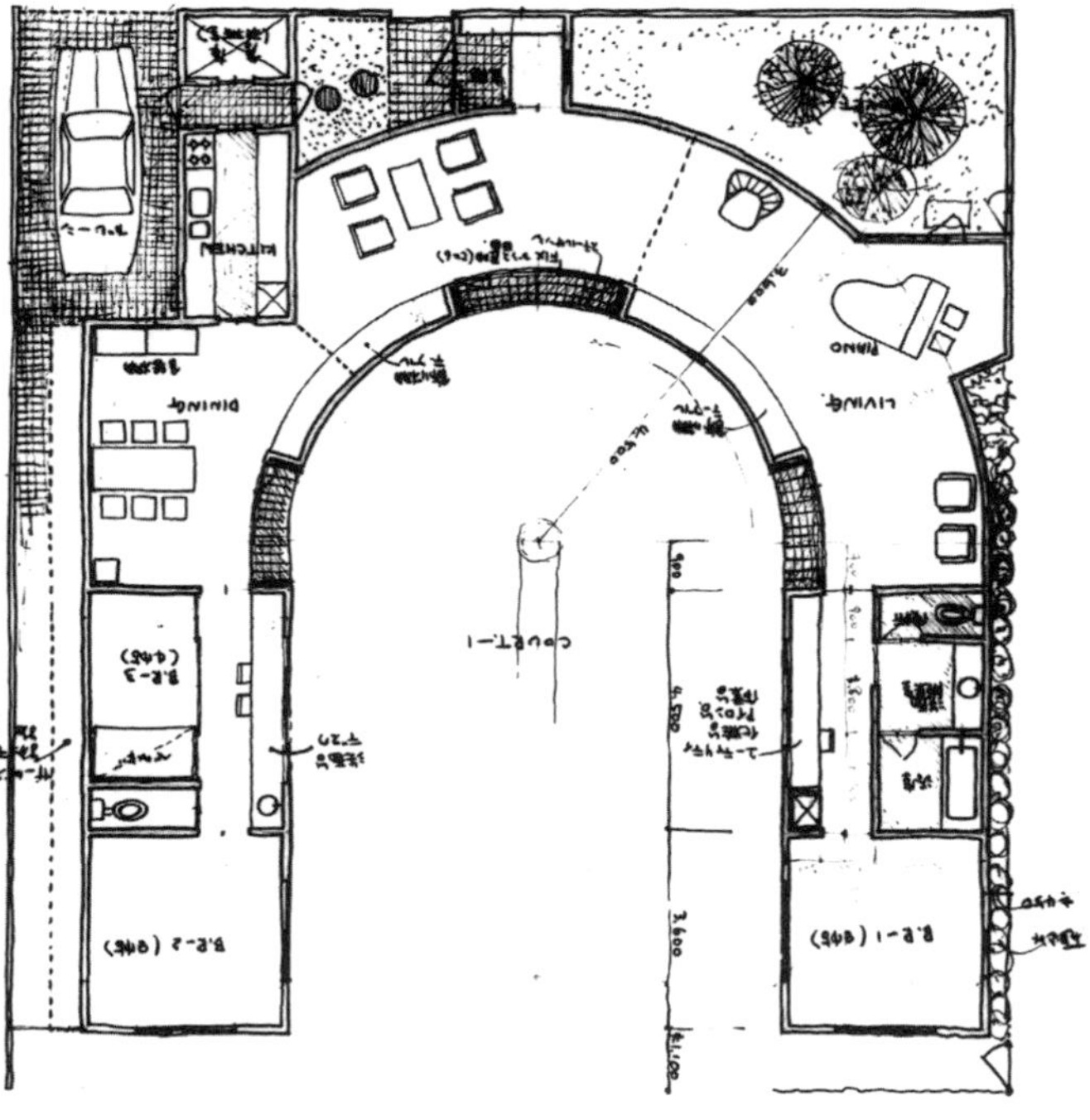

U字型の最初期案。設計開始後約半月。中央軸線上に家族が庭を通して向かいあう関係がつくられている

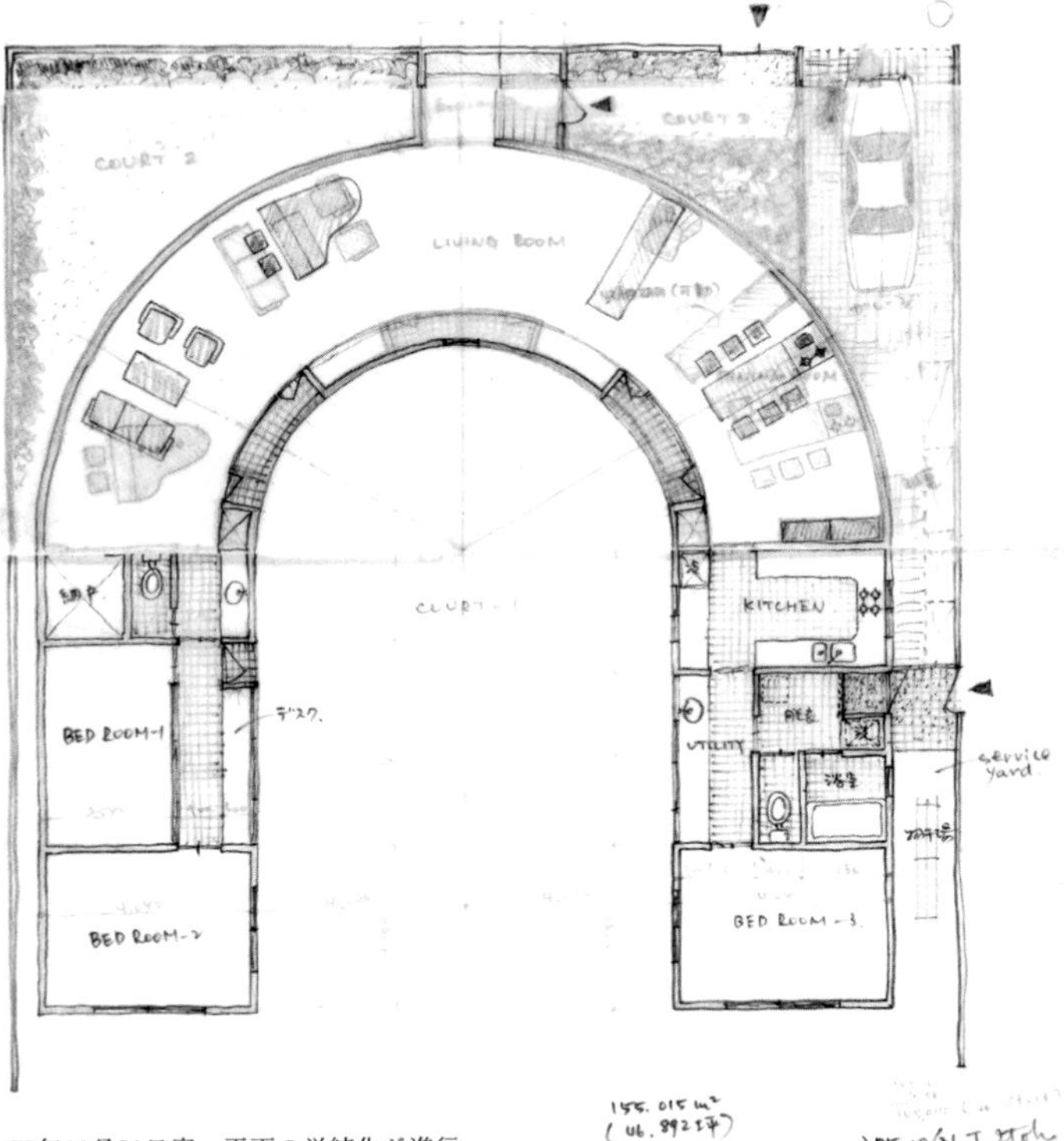

75年10月31日案。平面の単純化が進行。
ダイニング、リビングなどの位置が次第に確定されはじめる

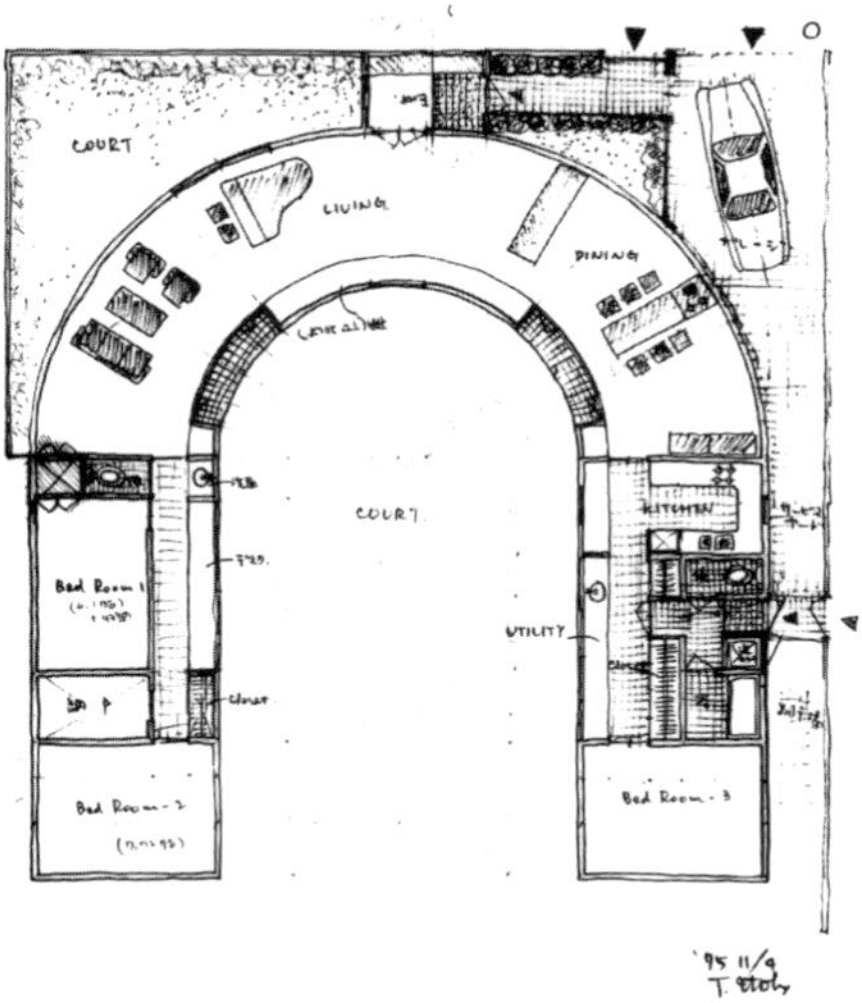

75年11月9日案。各室に位置関係は実施案とほぼ同じ。庭に向かった開口部は依然として多い

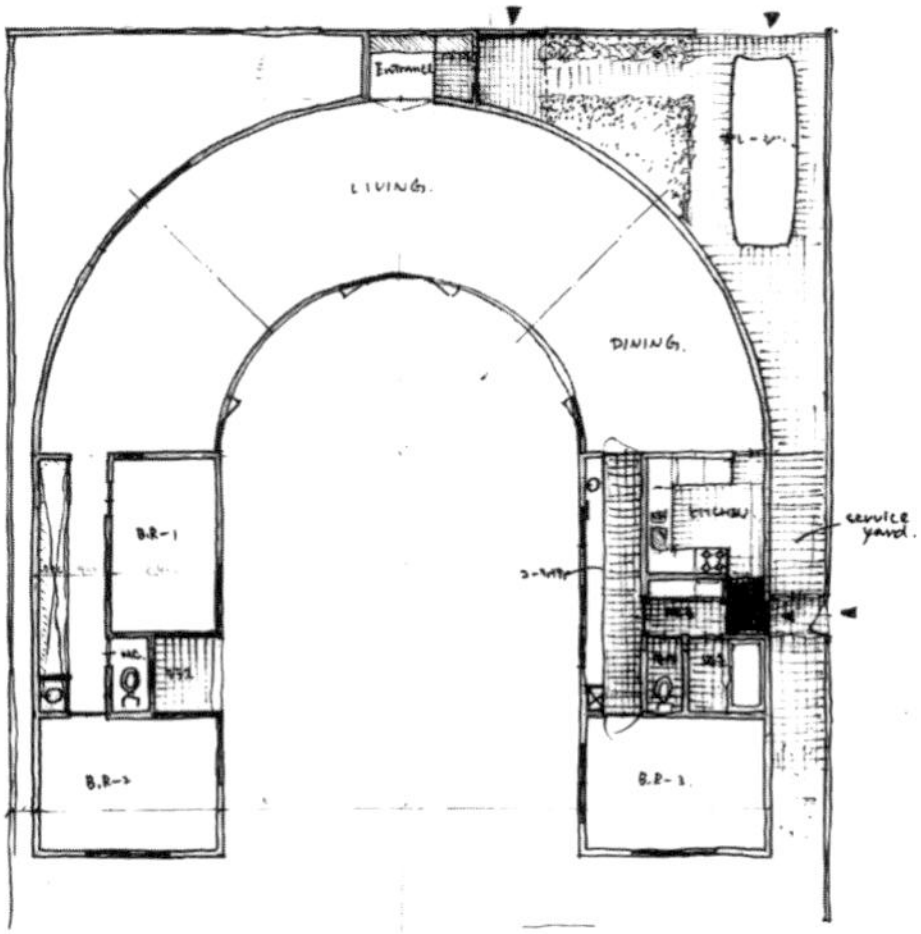

さらに単純化が進む。しかし南北軸は強く存在しつづける

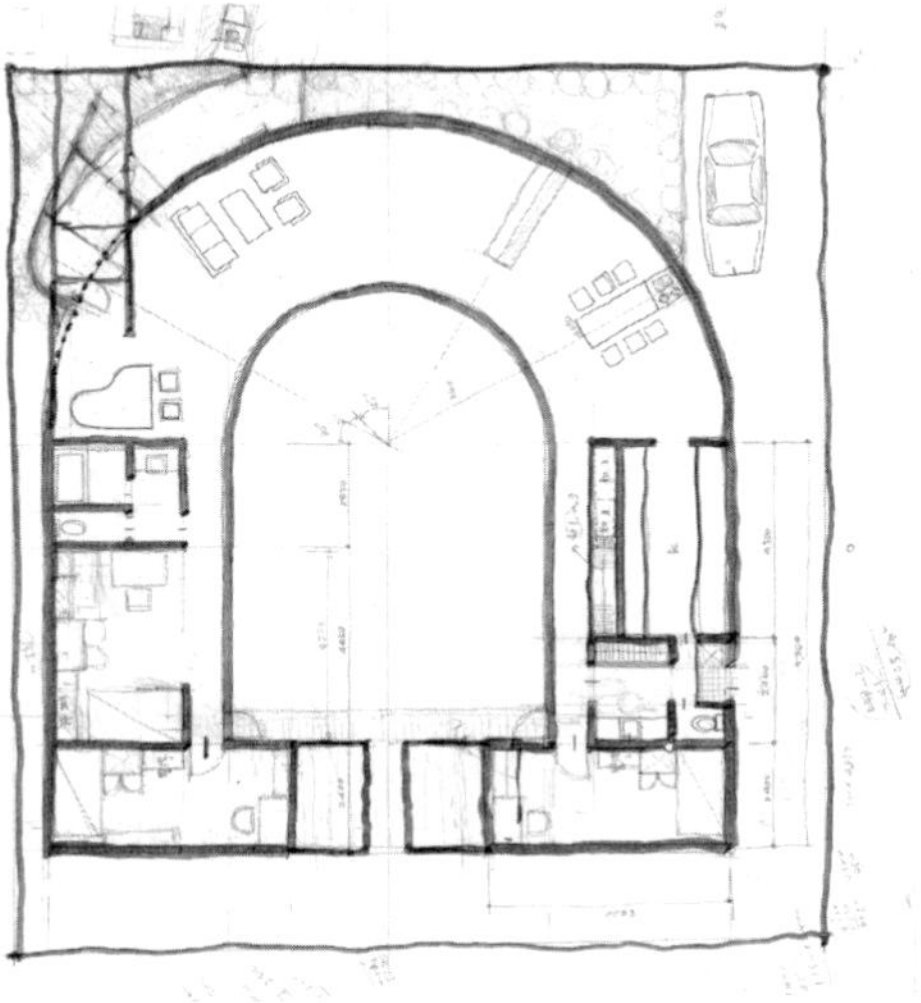

U字型の南端がはじめて閉じる。エントランスも北西側に移行する気配が生じている

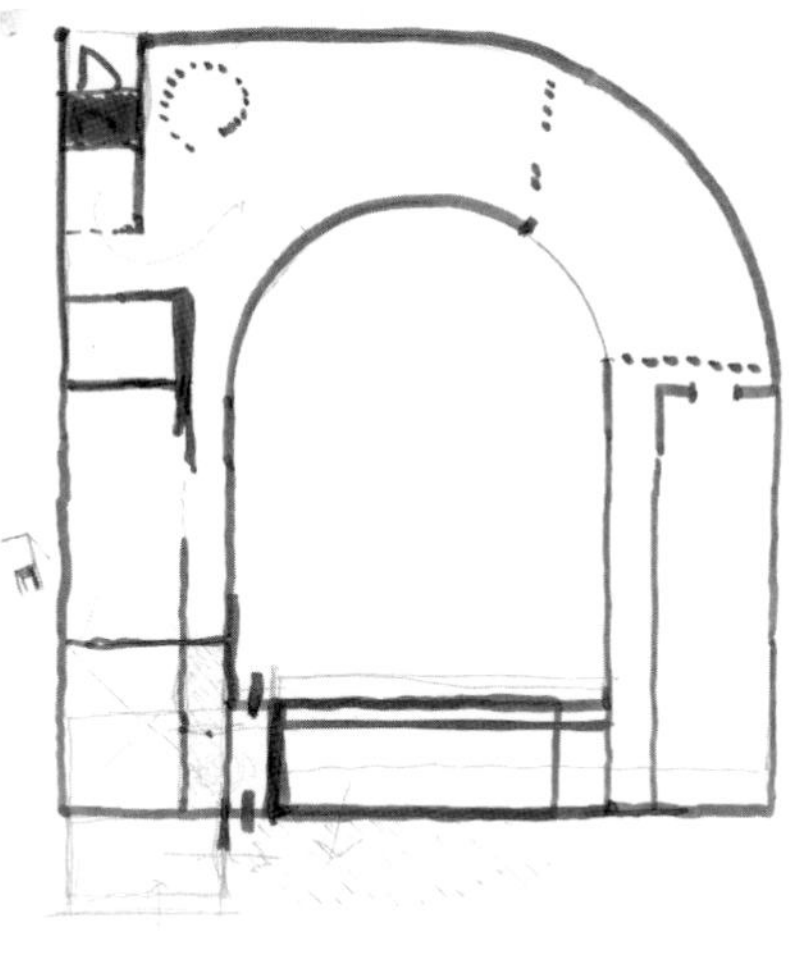

軸に沿ったシンメトリーからサーキュレイト案の大きな転換が感じられる。空間の流動性がはじめて生まれた

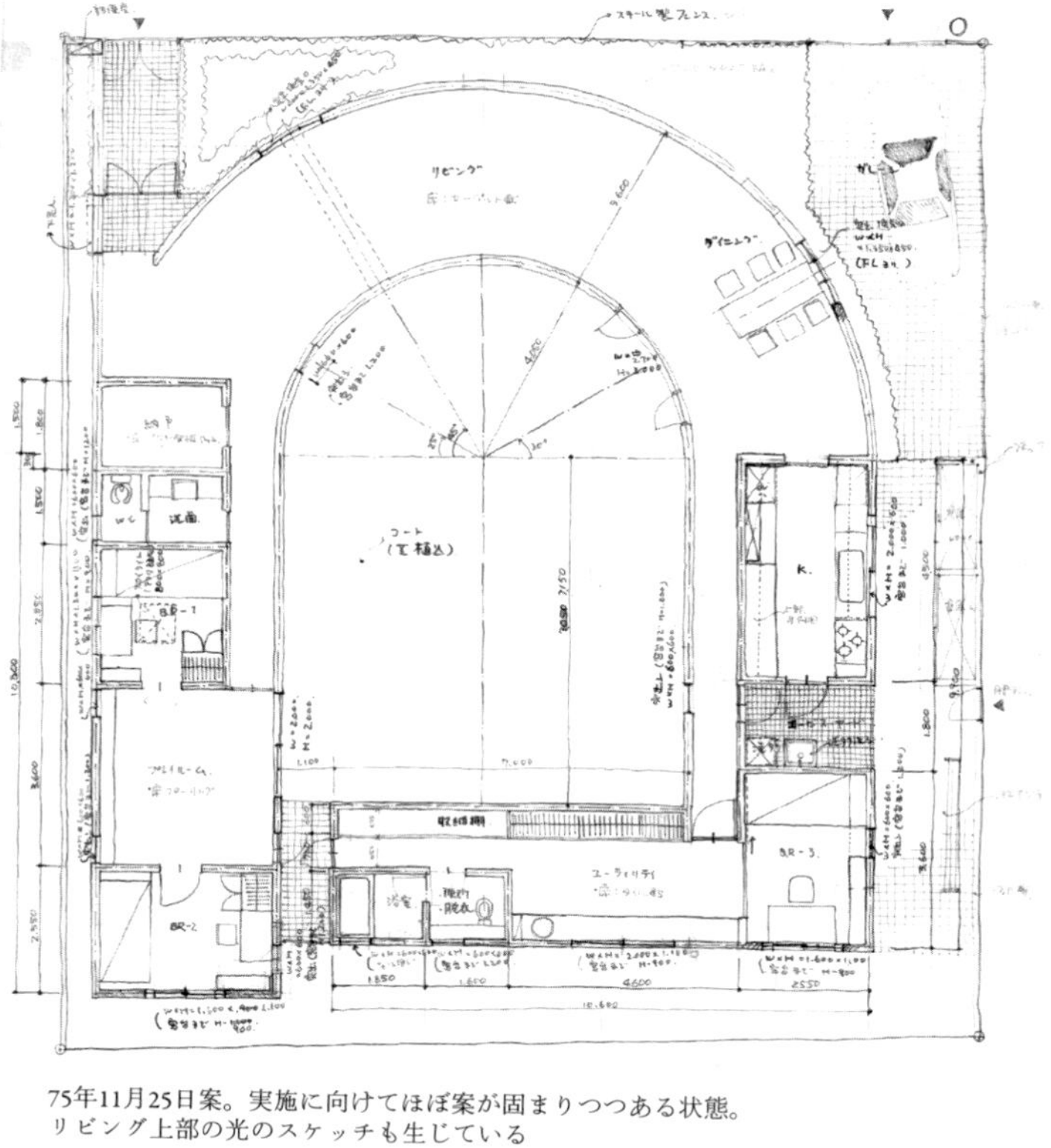

75年11月25日案。実施に向けてほぼ案が固まりつつある状態。
リビング上部の光のスケッチも生じている

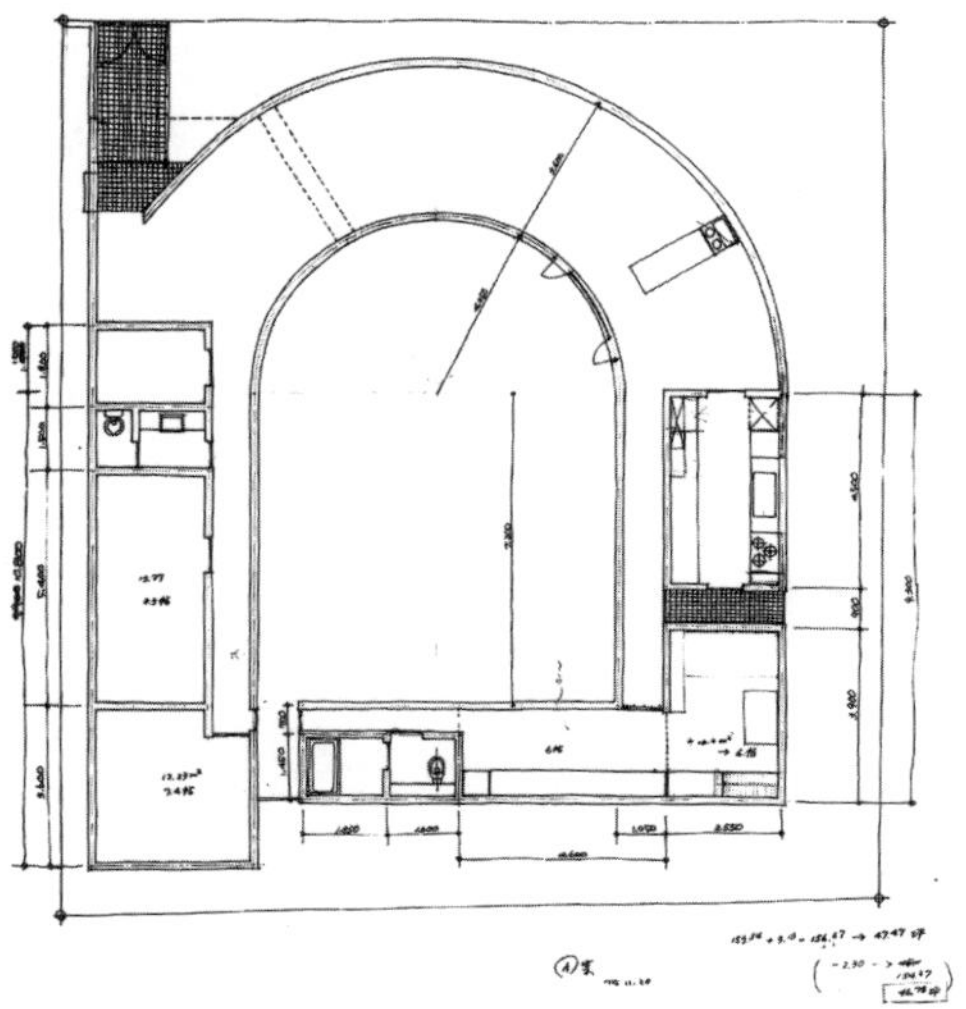

個室まわりの検討。すでに中庭に面した開口部は極端に少ない

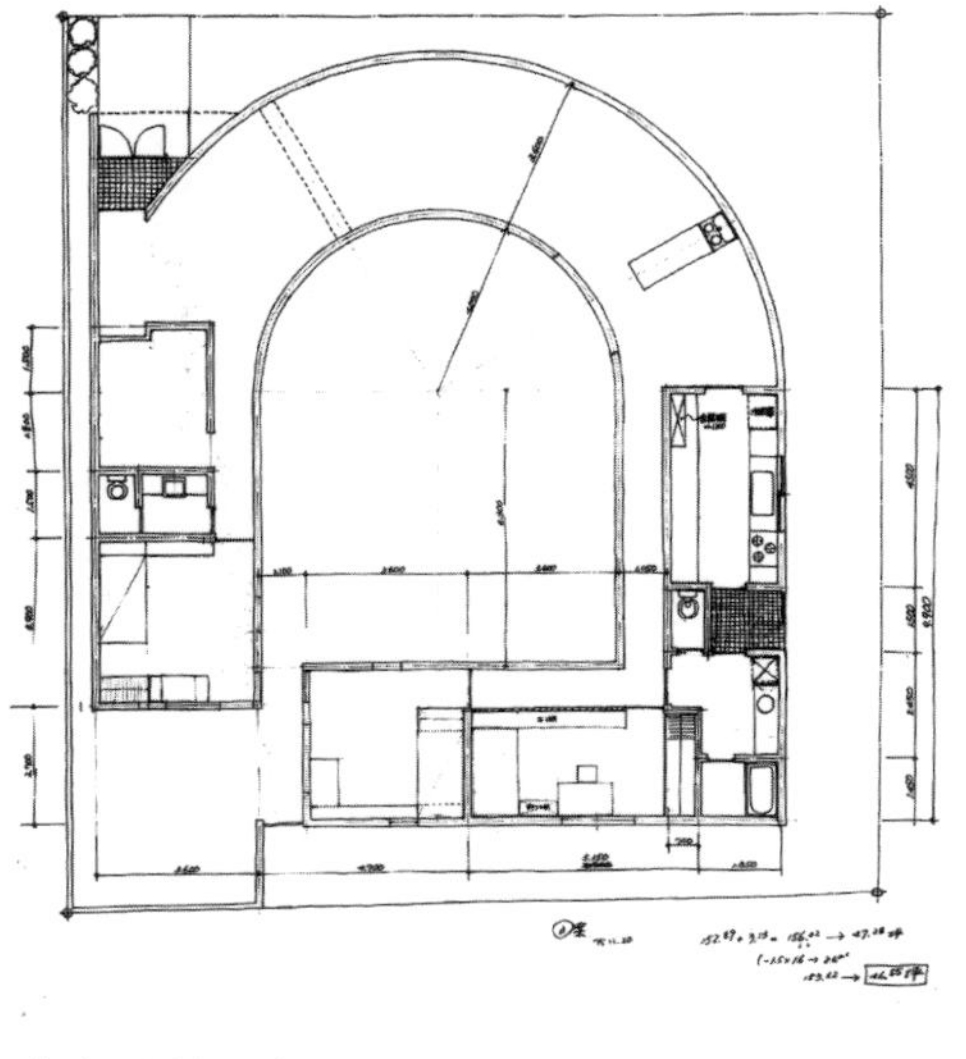

個室まわりの検討

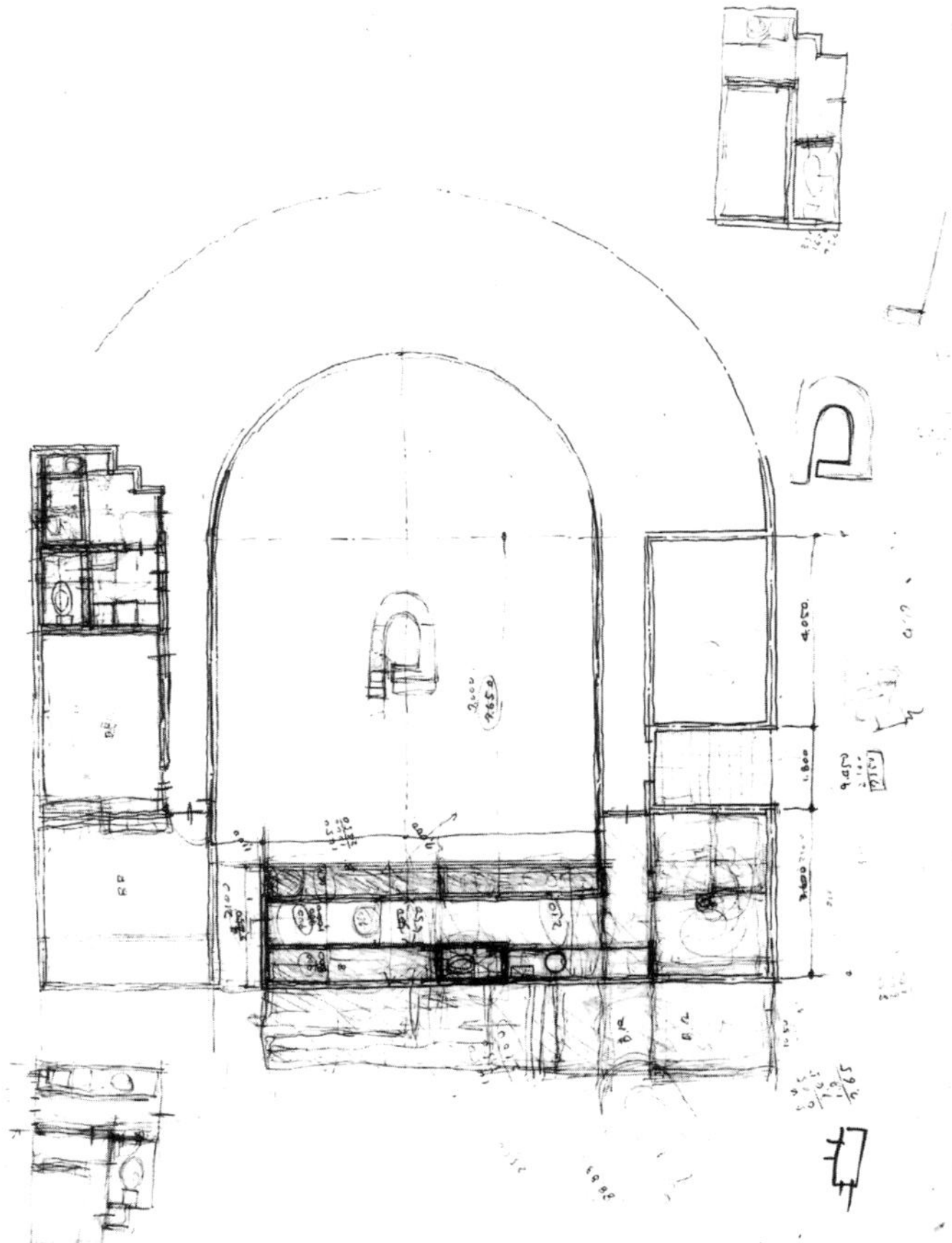

個室、浴室まわりの検討が最後まで残る。
後にモルフェームと呼ばれる⅂状の壁が発生

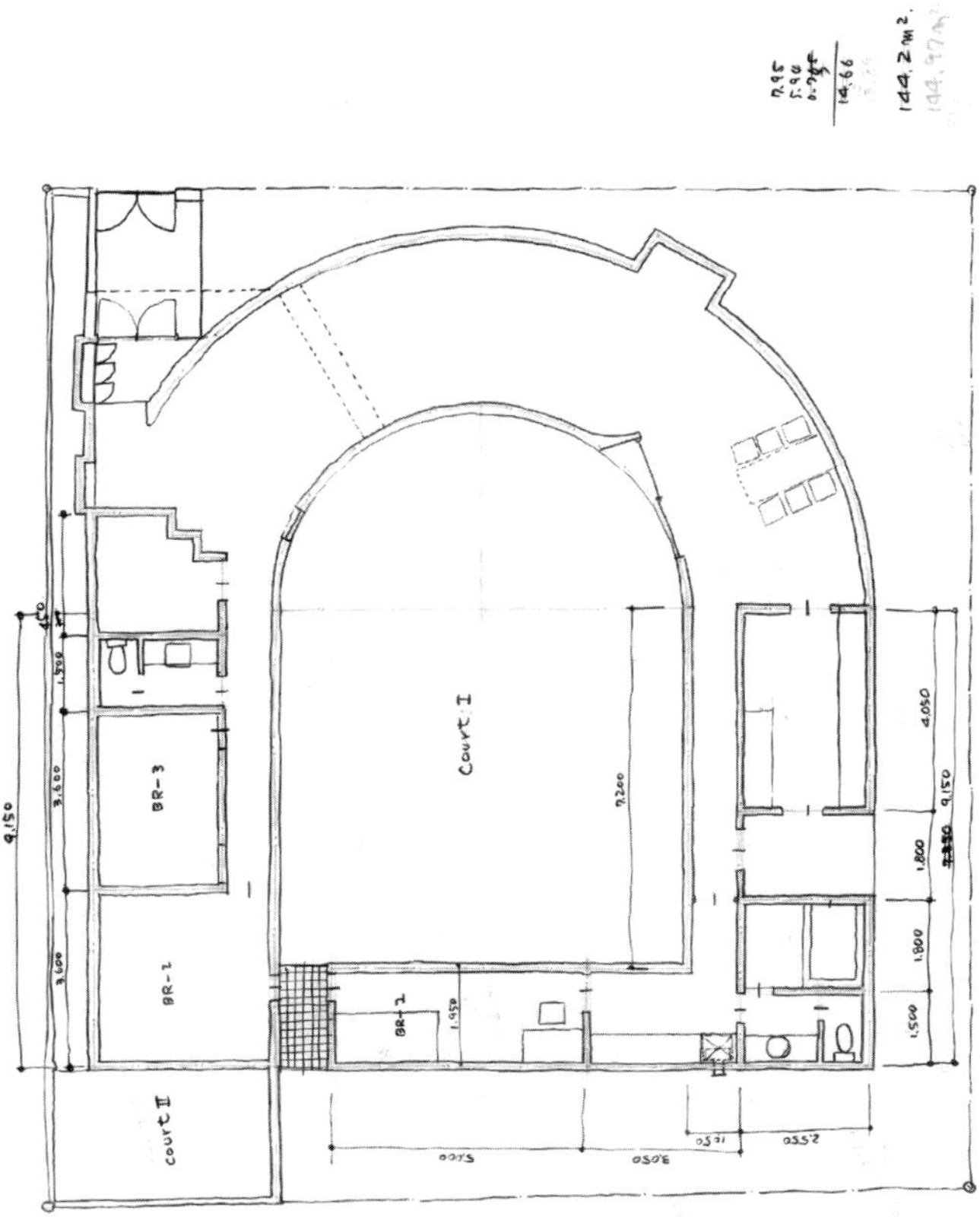

ダイニングスペースの開口部が直線状に内側に入りこみ、それを受けて
小さな湾曲部が生ずる。この家で私がもっとも気に入っている部分

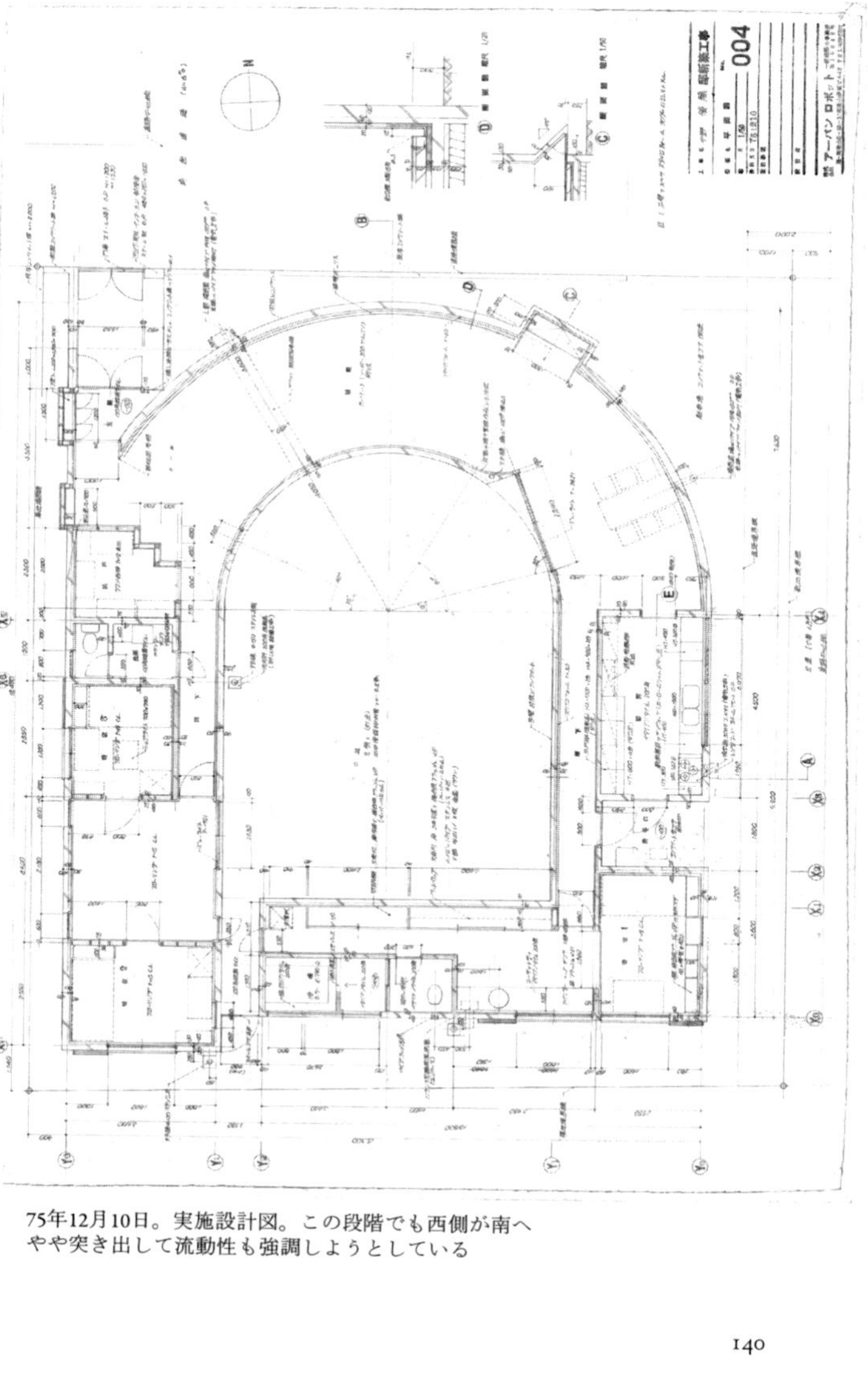

75年12月10日。実施設計図。この段階でも西側が南へ
やや突き出して流動性も強調しようとしている

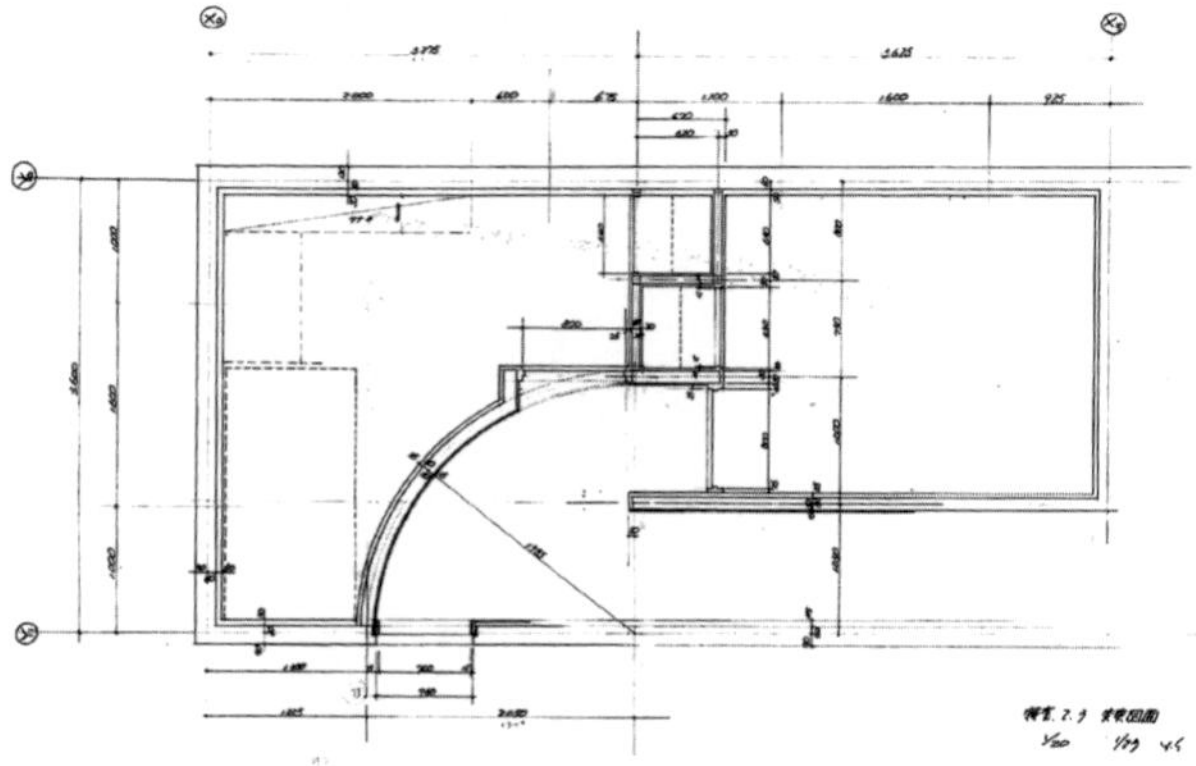

工事着工後。子供のためのふたつの個室の入口にも小さな
湾曲した壁が発生し、やわらかな光の空間が強調される

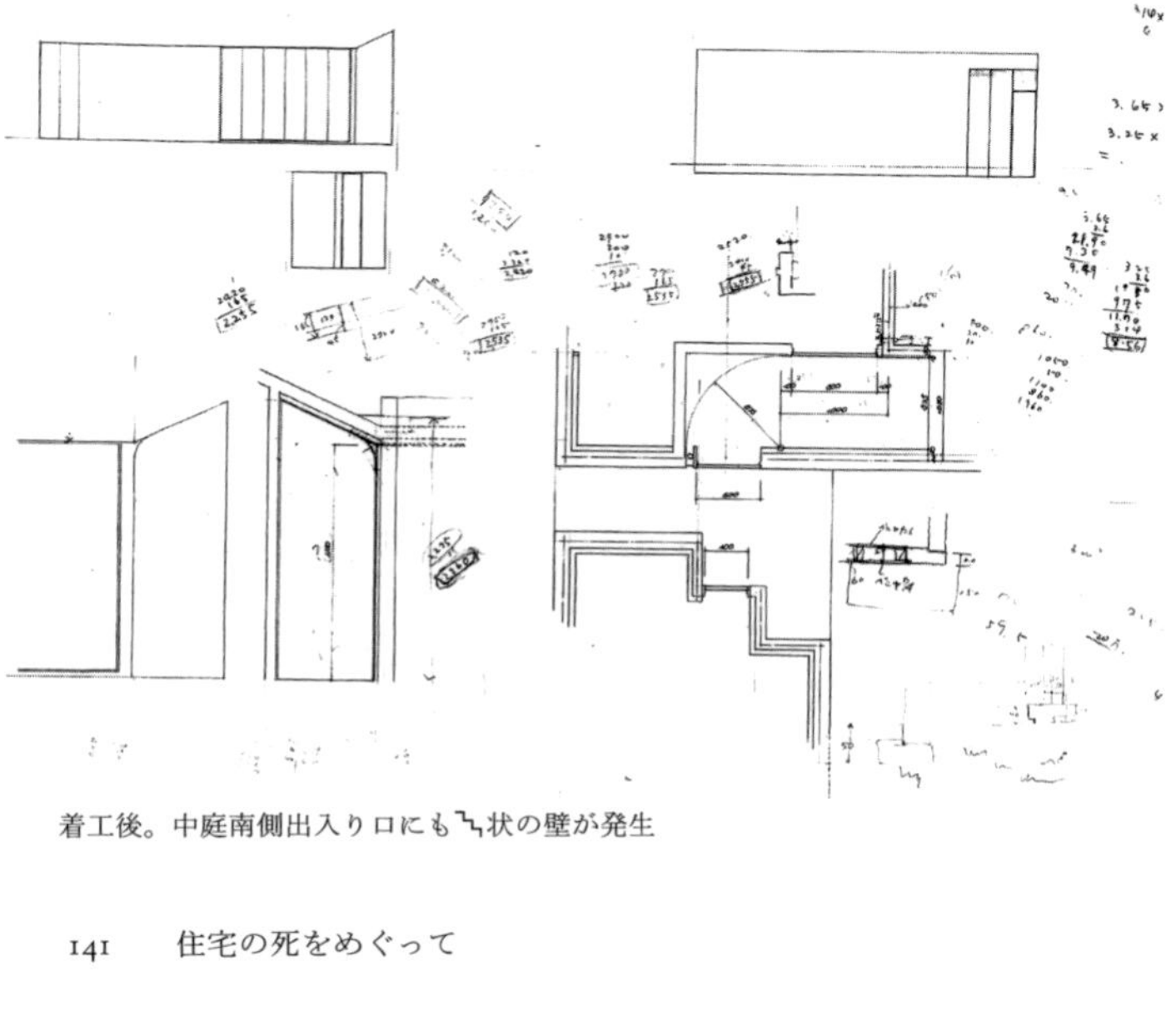

着工後。中庭南側出入り口にも┐┐状の壁が発生

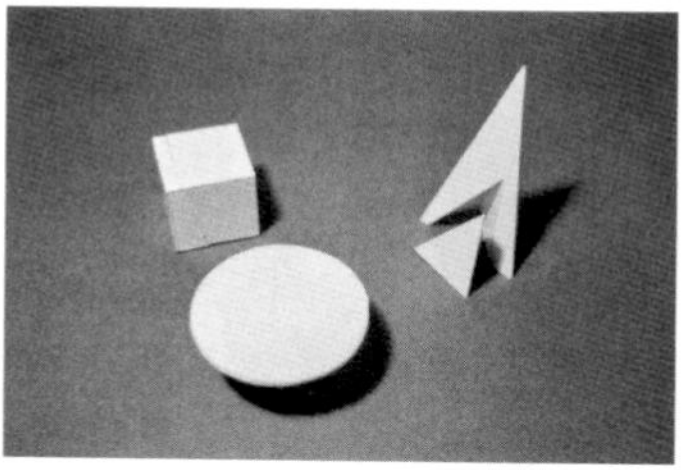

家具のイメージモデル

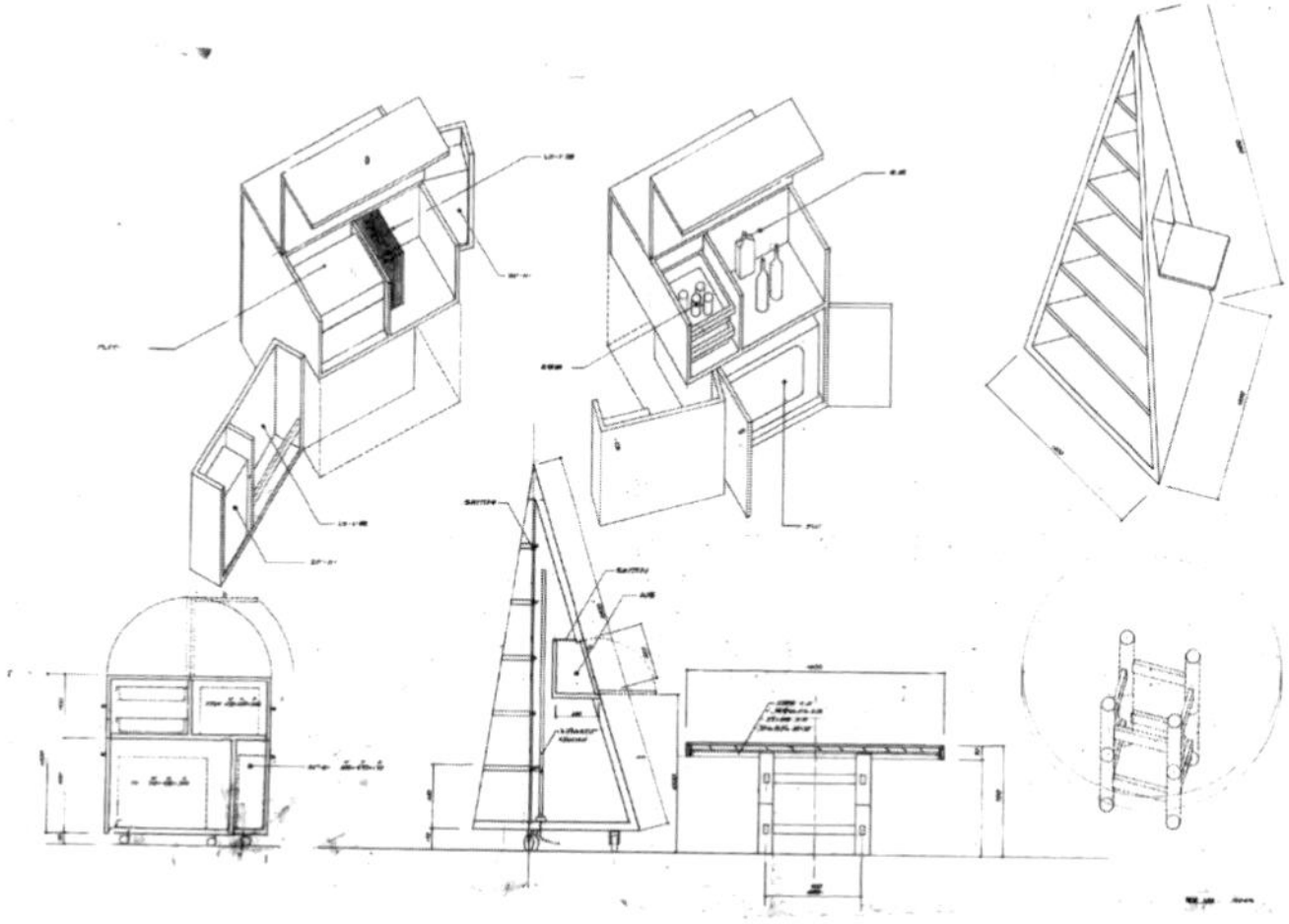

家具のスタディ。ダイニングテーブル、収納棚など。幾何学形にもとづくプライマリーな形態への志向が強くみられる

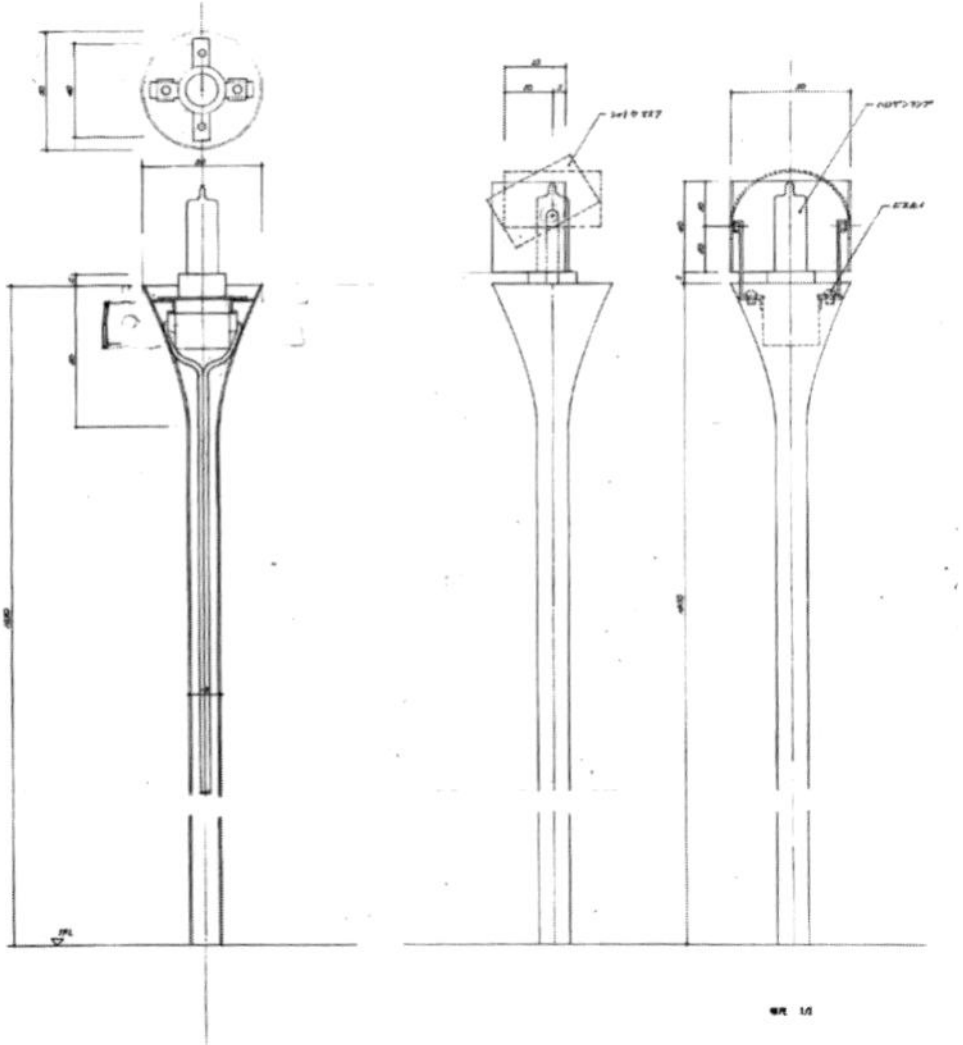

リビングスペースの照明器具のスタディ。燭台のようなイメージはラ＝トゥールの絵画の影響と思われる

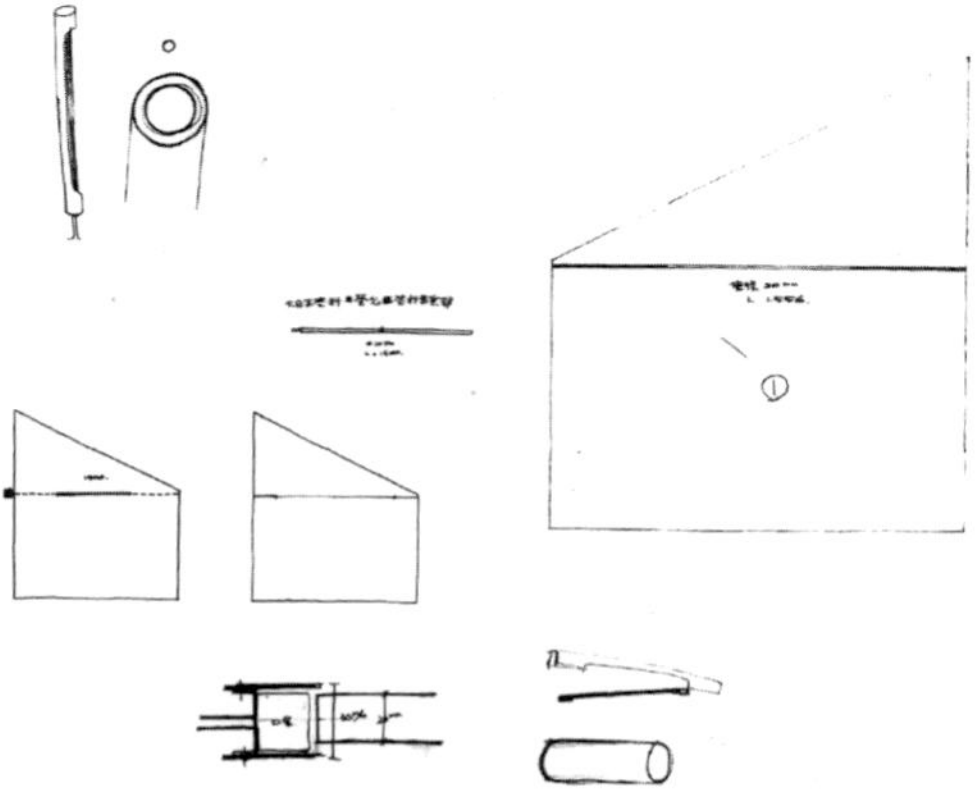

ダイニングテーブル上方に渡された照明器具のスタディ。光のラインだけを抽象的に表現しようというイメージ

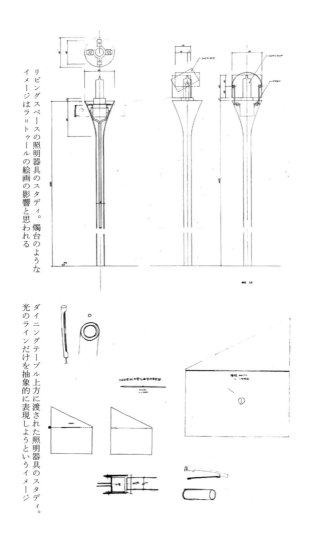

リニアなチューブ状の空間がイメージされたときから設計はひとつの方向に向かって収斂しはじめた。開口は閉ざされ、上部のスカイライトからわずかにさしこむ自然光が地下の迷宮のイメージを増幅する。同時に白さは白さを呼び、曲面は曲面を増幅していった——

リニアなチューブ状の空間を意識するきっかけは、軸線上のエントランスによって湾曲する空間がふたつに分断されてしまうことから起こりました。連続的に視覚が変化するリニアな空間の魅力を生かすためにはエントランスの位置を移動せざるをえませんでした。

エントランスの位置の移動、たったそれだけの操作がこの住宅の設計をまったく別のものに変えたのです。その日からチューブという洞窟状空間のイメージは働きはじめたのです。庭に向かって開かれていた開口部は減り、「光」というテーマが大きく浮上してきたのもこの日からでした。おそらくクライアントと設計者のあいだに使い勝手をこえた会話が生じはじめたのもこの時期からだったように思われます。閉じ、内向的な空間へ向かってベクトルは急激に加速されました。

U型平面がU型に変わり、南へ向かって開かれていた庭が中庭として閉ざされたのも、エントランスの移動とほぼ期を同じくしていたように記憶しています。庭が馬蹄型に閉ざされ、その周囲をまわる居住空間という構想が固まることによって、この住宅の内向性、閉鎖性は徹底したものになりました。そのころから私のなかには、中庭に対して循環する内部空間という対立の図式とひたすら内向性を強めようとするチューブ状空間という意識以外は何もなくなってしまいました。ファサードとかエレベーションなどが脳裡に浮かぶことはほとんどありませんでした。

「G邸」のインテリアは周遊すると約五〇メートルの長さをもつ空間です。このリニアなドーナツ状のリングにどのように光を導くか、しばらくのあいだ私はそのことに夢中になっていました。壁にとりついている開口部を極力なくして上方からの光を入れることによって空間の抽象性や象徴性は一気に高まります。インテリアを床、壁、天井とも純白にすることで光の美しさは倍加されるにちがいない、壁や天井はボード貼りにするのではなく左官仕上げにすることで空間の秘めやかさも増幅されるにちがいない、そして左官仕上げにするならば天井と壁の境界はカーブさせて連続させてしまおう、といった具合に内部空間を純化させる作業は次から次へと相乗されていったのです。そしてクライアントである姉はそのような内向化のベクトルに歯止めをかけるどころか、いつもアクセルを踏みこむように働きかけました。窓を取り去ることにも、あるいはカーペットをベージュから白へと変えることにも進んで決断をうながしたのは姉のほうでした。

フランス十七世紀の画家、ジョルジュ・ドゥ・ラ＝トゥールについての小さな書物を姉から渡されたのもちょうどこの時期だったと思います。そこには髑髏《どくろ》を手にした女性が燭台のそばにこしかけている姿を描いた絵がありました。同時代のオランダの画家、フェルメールの絵と同様に柔らかく静止した光の空間のなかでもの思いに耽る女性の姿が印象的でしたが、おそらく姉はこうした女性像に当時のみずからの姿を重ねあわせていたのでしょう。

この家をもっとも強く印象づけているのは、マッキントッシュの椅子と背後の壁面に映しだされた光のラインでしょう。上部を横断するスリット状のスカイライトは、もちろん「千ヶ滝の山荘」からヒントを得ています。しかし「G邸」では壁が湾曲していますし、周囲にほとんど開口部がないために強い表情をもつ結果となりました。雑誌ではこの部分の写真ばかりが強調されてしまいましたが、実際にこの空間を体験するとダイニングテーブルまわりのほうがはるかに居心地いいし、家全体に光の空間が支配していることを感じてもらえたと思います。このスカイライトの上部も次第に蔦に覆われ、なぜかスチールの枠とガラスの狭間をすり抜けて内部に侵入してきたりもしました。また雪の積もった後などは異常に暗くなって、室内の明暗のリズムがふだんとまったく変わってしまうなど、このスカイライトは自然を敏感に感じとらせるセンサーの役割を果たしました。

このスカイライトの下には三つのフットライトが設けられ、夕方以降には人や家具の影を白い壁に浮かびあがらせました。これも設計段階には意図されていなかったことです。設計時には長い燭台のような器具が計画されていました。高さ一・五メートルくらいのパイプが床から立てられ、その上に裸のハロゲンランプが上向きに置かれるというものです。これは明らかにラ＝トゥールの絵の影響でした。それがフットライトに変更されたのは、現場も後半に入ってからのことです。後半のヤマ場はなんといってもインテリアの壁、天井を白く仕上げたことです。壁、天井は断熱材としてのスタイロフォームをコンクリートの内側に打ちこんだ上に金網を張ってラスモルタルをかけ、その上部からプラスターを塗り、最後に寒冷紗という薄い布を張ってペンキで仕上げられています。湾曲した壁面や天井面にモルタルやプラスターで平滑に仕上げる左官工事はとてもやっかいな仕事でした。とりわけ天井面は足場の上で首をおりながらコテを使わねばならず、職人にとっての骨の折れる仕事の日々が続きました。私はこの現場の隣に住んでいましたから、ほとんど毎日夕方になると現場を訪れては進行具合を眺めるのが楽しみでした。現場の足場板の上に腰を下ろして親方と飲みながら左官の職人芸について何度も聞かされたのを昨日のことのように想い出します。フットライトというイメージが浮かんだのもこのときです。床にころがっているライトに照らされながら遅くまで仕事をする職人たちの影を見て、照明器具の変更を思いついたのです。

「G邸」にはふたつの長い通路があります。ひとつはエントランスを入ってふたりの子供のベッドルームへと向かう通路であり、もうひとつはキッチンからバスルームの脇を抜けて姉のベッドルームへといたる通路です。ふたつの通路に共通するのはいずれも閉ざされた空間で突き当たりにスカイライトからの光が注いでいることです。そしていずれにもそれらの光を効果的に見せるための壁面が用意されています。通路を歩いていくと正面に明るく柔らかな空間が開け、そのなかに人は溶けこんでいってしまうような印象を抱く、真綿のような光の空間がイメージされました。とりわけふたつの子供部屋の入口にもうけられた湾曲する小さな壁は、この家のなかで私がもっとも気に入っていた部分です。これの壁は現場に入ってから思いついたものですが、子供たちが部屋に入るとき、正しく光の空間のなかにスルッと消えるように感じられてシュールな印象を受けました。もっともこの壁のためにひとつの子供部屋はずいぶん窮屈な部屋になってしまいましたが……。

インタビューでクライアントの長女はこの家は自分にとってお墓のようだったと言った。ショッキングな発言だが、この家を表現するにもっともふさわしい言葉であったかもしれない。彼女はみずからを閉じこめるモニュメントとしての空間と二十年間格闘してきたにちがいなかった——

閉じられた中庭は白い内部空間と完全に対をなす相補的空間でした。中庭に面する開口部を減らすことによって白いインテリアの抽象度が高まれば、それに比例して中庭の空間の抽象度も高まりました。生《な》まなコンクリートの壁と黒い土のみでつくられた空間に佇むとじつに不思議な閉塞感にとらわれました。背後にある秀和のマンションを除けば周囲に高い建物はなかったので、ここからはわずかに隣家の屋根が見える程度でした。したがって内部にいるとき以上に隔絶した空間にいるような気がするのです。おそらく家族がこの中庭にテーブルや椅子を出して食事をしたりコーヒーを飲んだりしたことはほとんどなかったのではないでしょうか。日常的にリラックスすることを認めない閉鎖性があったからにちがいありません。最初の二年間芝を植えずに黒い土のまま放置されたのも、この空間の強い内向性を高める以上の何物でもありませんでした。やがて雑草に覆われてからも、切りとられた野原の一シーンを見ているようで、とても現実の風景には見えませんでした。

インタビューのなかで長女は、この住宅が自分にとってはお墓のように感じられていたと語りました。この言葉は私にとっても相当にショッキングなものでしたが、それもきっとこの中庭の印象が大きく影響しているような気がしてなりません。設計段階ではこの中庭の中心に小さなモニュメントを置こうかという話さえもちあがったくらいですから。中庭の中心は屋根勾配が一点に集中する象徴的な点だったのです。

しかしこの中庭がすばらしいコンサートホールになったことが一度だけありました。竣工して間もないころ、オープンハウスを兼ねてクライアントの友人、私の友人を招いてここでパーティが催されたのです。たしか初秋の週末の夕刻だったと思いますが、磯崎新、宮脇愛子ご夫妻や植田実氏も来てくださいました。あたりが暗くなりかけたころ、姉の友人の荒川恒子さんが中庭の一隅で古楽器のリコーダーを演奏しはじめたのです。訪れていた人々はみな中庭に立ち、あるいは庭に面した開口部の近くで突然の小さなコンサートに聴き入りました。しばらくして気がつくと背後のマンションのテラスにたくさんの人々が出てこの演奏風景を見下ろしていたのです。曲が終わるとはるか上方のテラスからも拍手が起こりました。

このマンションに住む子供たちからは巨大便器と呼ばれていた家も、このときだけは感動的なコンサート会場になったのです。周囲からまったく隔絶されているこの空間が、周辺と一体化した唯一の機会でした。まさか音がその媒介になるとは私も予想だにしていませんでした。

この住宅を設計できたことによって得たものは、私にとってはかり知れないほど大きかったと思います。正直なところ「G邸」を設計しているころには、何を自分の手がかりにしたらいいのかいまだ手探り状態でした。当時のスタディ中の図面を振り返ってみると、さまざまな建築家から影響されていることがよくわかります。直接の師であった菊竹清訓氏や篠原一男氏、磯崎新氏、さらには村野藤吾氏にいたるまでの作品からの影響が混在しているように思われます。

私の最初の作品「アルミの家」（一九七一年）のときには、菊竹氏やメタボリズムに対する影響と反発がかなりダイレクトに表現されていますが、それ以後菊竹氏の影響は表面にはあらわれていないと考えていました。しかし自分では無意識でも、スケールとかプロポーションに対する感覚を菊竹事務所での修業中に身体化されたのでしょうか。「G邸」が雑誌で発表された直後に菊竹氏からは直接電話をいただきました。事務所を辞してから電話をいただいたことなど一度もなかったので大変驚きました。この住宅についてほんとうにストレートな表現でよいと言ってくださいました。ル・コルビュジエのサヴォア邸（一九三一年）を例に引きながらスケール感がよいと言われたのが印象的でした。

インテリアにおける洞窟的性格は、村野氏の影響が多少あったかもしれません。天井と壁のあいだをカーブで連続させた点や、実現はしませんでしたが出窓のスケッチなどからするとたぶん村野的な洞窟志向が潜在していたにちがいありません。村野氏の建築にはいまでもその空間の柔らかな美しさ、穏やかなプロポーションに魅力を感じています。

多木浩二氏に会う機会を得たのもこの住宅の竣工のころでした。篠原一男氏の設計による「上原通りの住宅」（一九七六年）を研究室の人々と一緒に見学させてもらった席においでです。この日の出来事に関してはすでに『風の変様体』（青土社、一九八九年）で述べているので省きますが、それから一ヵ月もしないうちに「G邸」を訪れてくださった多木氏はほとんど三十分くらい無言で白い空間のなかに佇んでおられました。その最初のコメントは「エロティシズムを感じさせる空間ですね」でした。そしてその直後に三日間、この住宅を訪れてみずから何十本ものフィルムを使って写真を撮りつづけてくださいました。撮影は早朝スリットに光がさしこむ瞬間から、子供たちの影が壁に映しだされる夕刻までおよんでいます。それらのうちモノクロのフィルムは、数十枚のゼロックス用紙にご自分の手で焼きつけられました。そして同時期にできあがった坂本一成氏の「代田の町家」（一九七六年）の写真とともに、磯崎邸で磯崎氏や篠原氏の前に並べられました。写真家篠山紀信氏も同席しておられたのを記憶しています。

「G邸」が篠原一男と磯崎新というふたりの建築家からもっとも大きな影響を受けてできあがっていることは否定できません。チューブ状の空間に関しては当時の磯崎氏の作品にもたびたびあらわれていますし、閉じた白い抽象的な空間が篠原氏の当時の作風であったことは言うまでもありません。

ですから、もしもこの住宅の設計が夫の死に直面した妻というクライアントでなかったなら、たんに若い建築家の建築的試みに終始したにちがいありません。もちろんそのことに変わりはないのですが、特殊な状況のもとにある家族と向かいあったことによって、この住宅はたんなる建築的なテーマをこえた象徴性を包含することになったのだと思われます。そしてこの事実は今回の三人のインタビューによってはじめて浮き彫りにされました。その後も建築的テーマのみを掲げてきた設計者としての私にとって、三人の発言はまったく虚を衝かれるものでした。住み処としての空間がこれほどまでに住まい手の生活を拘束し、あるいは住まい手の身体感覚まで影響をおよぼすものだとはほとんど思いもよらないことでした。

住宅は住むための容器であるが、住まい手は家に必ず別な何かを求めている。しかしそれは潜在しているので、多くの場合、大屋根や仰々しいバルコニーといった紋切り型のエレメントですまされてしまうのである——

そもそもクライアント三人にインタビューを求めたのは「ヴァーチャルハウス」と呼ばれる企画が三月にベルリンで催されたからです。六組の建築家がこのタイトルのもとに三十分ずつのプレゼンテーションをおこない、その前後に思想家たちが「ヴァーチャル」という概念について語ったり、建築家の解釈にコメントを加えるといった試みでした。建築家はピーター・アイゼンマン、ジャン・ヌーベル、アレハンドロ・ザエラ・ポロ＋ファッシド・ムサビ、ジャック・ヘルツォーグ＋ピエール・ド・ムーロン、ダニエル・リベスキンド、と私でレム・コールハースは欠席、一方、思想家はこの企画の発起人たるジョン・ライクマン、エリック・アリエズ、エリック・オジェ、浅田彰などで、毎年「Any」の会議で開催している「Any Corporation」が主催したものです。

ちょうど「G邸」の売却が決断された時期と重なったこともあって、私はこの住宅の二十

シルバーハットへのデザインプロセス

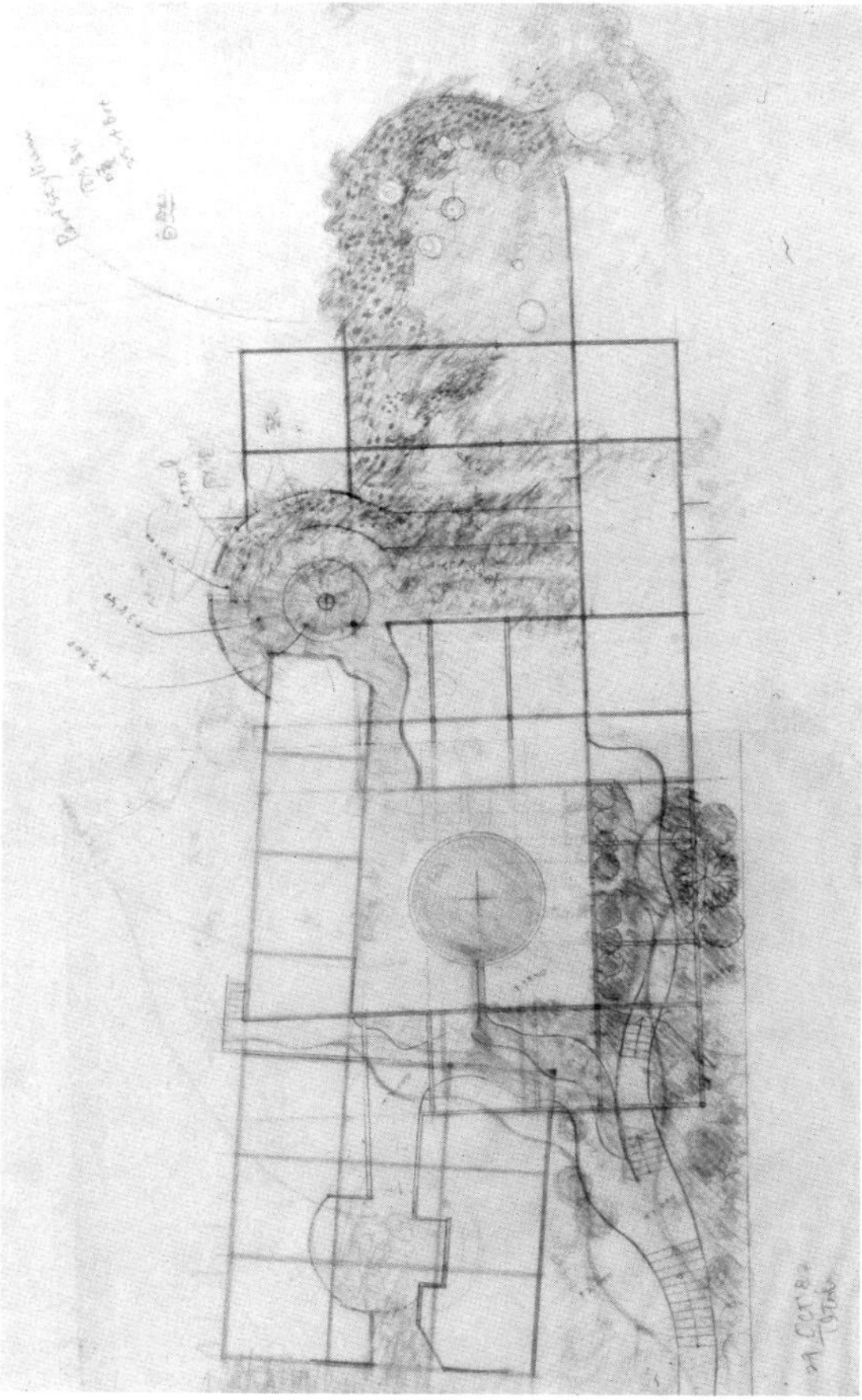

1983年、ヴァージニアで開催されたP3コンファランスのためにつくられた「シルバーハット」最初期のイメージ・ドローイング。「中野本町の家」との連続性を強く意識している様子がうかがえる

右ページの図と同時に描かれたドローイング

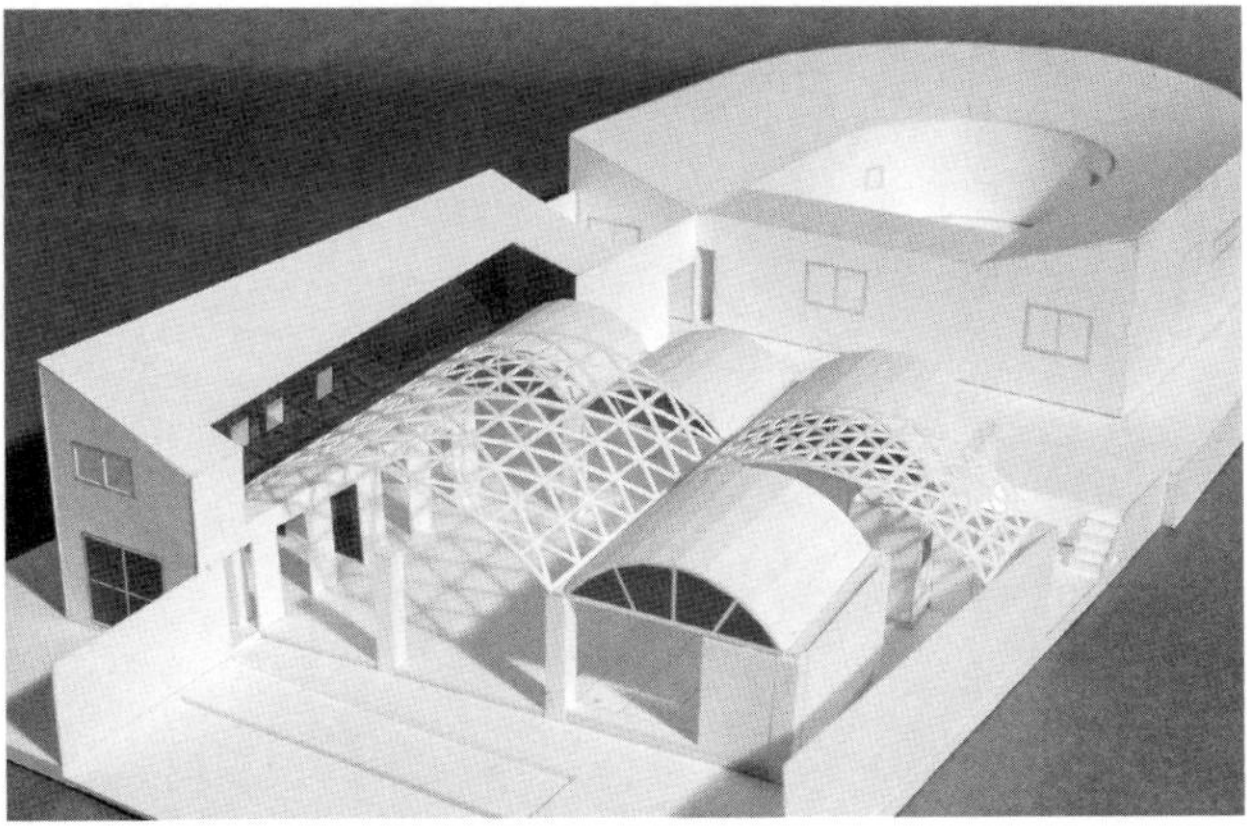

右ページの図と同時につくられたモデル。
「花小金井の家」(1983年)との連続性が感じられる

年間の歴史をテーマに選びました。先に、設計されるときからこの家には象徴性が求められたと述べましたが、この象徴性こそが「ヴァーチャルハウス」というテーマにふさわしいと考えたからです。そして鈴木明氏に依頼して家族三人にとって「この家はいったいなんであったのか」をビデオでインタビューしてもらおうと考えたのです。

ベルリンでのプレゼンテーションのためには、この家が消えていくさまをアニメーションにした七、八分のビデオが用意され、インタビュー自体は上映されませんでした。しかし結果的には私にとっても、またこの企画に関わったスタッフたちにとっても三人のインタビューがもっとも「家」あるいは「建築」について考えさせることになったのでした。オフィスでインタビューのビデオをはじめて見たスタッフたちは、みな考えこんでしまいました。ひとりのスタッフがポツリと「これから建築をつくるのがこわくなるなァ」とつぶやきました。

私自身もスタッフたちもそうですが、いくらわれわれががんばって設計しようが、住まい手は空間を「住む容器」として受けとって楽々と住みこなしていくものだとばかり考えていたのです。公共建築や商業建築の場合にはスケールの問題や使用者と管理者の問題もあって話は曖昧になるのですが、住宅は考えてみればじつに不思議な建築です。つまり設計者は当然クライアントの要望を聞きながら設計を進めるわけですが、そうしながらも同時に並行してもうひとつ別のことを考えている、それは設計者が建築の形態や空間を引きだすための論理とでも言ったらよいでしょうか。建築雑誌でいわゆる設計者のコンセプト、として述べられている専門外の人々には何を言いたいのかさっぱりわからんとこきおろされている文章のごときものと言ってよいでしょう。

この部分は誤解を招きやすいのですが、設計者はいつもクライアントの機能に関わる要求に配慮しながら設計を進めます。ところがそれだけではけっして総体としての建築を構成する論理にいたらないのです。それは人間が生きていくのと同じで、毎日の暮らしは日常の雑事に追われていても、そうした行動をトータルに決定づけている個人の価値観や哲学がなければ生きられないようなものなのです。設計者の場合、それはひとりの個人の生き方に関わる思想の表現でもありますが、多くの場合にもう少し建築的思考に沿っての表現を介してあらわれます。すなわちフラットルーフであるか切妻の瓦屋根にするかといったように形態を大きく決定づけるスタイルの問題、都市空間や自然環境との関係、建築の歴史観や地域性との関係、あるいはディテールや素材を決定するための現代社会に対する思想、現代の家族のあり方に対する考え方等々、それらはごくごく日常的な嗜好の問題から個人の世界観にいたるまで多岐におよびますが、それらはけっして個別に切り離されているわけでもないし、建築という限られたジャンル内にとどまる問題でもありません。いかに建築表現の表層に関わるように見える問題でも、蔓草の葉から根をたどるようにずるずるとそれらは設計者の根幹に到達する部分にまで連なっているのです。

ですから、たとえばクライアントが切妻屋根の住宅を望んでいるのだからそんなにフラットルーフにこだわらなくてもいいじゃないの、といった一言は多くの場合設計者を相当に苦しめることになります。それはたかだか屋根勾配の問題にすぎないのですが、同時にそれは社会や都市に対する建築のあり方、彼の歴史観などにまで通じているのです。

したがって設計者がひとりの人間としてみずからに誠実に対応すればするほどに、それは結果としてクライアントに思想の表現を呈示してしまうことを避けられません。意識的な建築家であれば、この事実は設計過程で多かれ少なかれ認識しているはずです。そしてその思想の表現が個人的なものにとどまることなく、他者と共有できることを願っていると思います。しかし、困難はここから始まります。真理はひとつだけ存在するわけもないし、またマジョリティが真実だからでもないからです。それどころか往々にして意識的な建築家の表現は社会の現実からすればマイノリティに属するし、現実に対して批評的でもあります。ですからごく少数の例を除けば、このような設計者における表現の総体は住まい手とのあいだのギャップとして介在することになる場合がほとんどです。

では、はたして「G邸」の場合はどうだったのでしょうか。ある時期までは通常の住宅設計における設計者とクライアントの関係とさして変わらなかったと思います。しかしある時期からは一挙に一線をこえたと言ってよいでしょう。それがチューブ状の空間がみずから備えた長さと閉鎖性が地下的迷宮性を導き、内向的な光の空間を喚起したことはすでに述べたとおりです。そしてこの瞬間からクライアントは設計者と同じポジションに立ち、同じ視覚でこの住宅を考えはじめたのです。それはクライアントが身内であり、夫の死に直面していたというふたつの特殊な状況によっているからにちがいないでしょう。しかし問題はその特殊な状況にあるのではなく、特殊であるがゆえに提起した問題が、家に関わるクライアントと設計者のもっとも根底的な問題にふれてきたことにあるのではないでしょうか。それは住宅という建築に本来存在しているヴァーチャルな働きです。

切妻屋根かフラットルーフかという話をしましたが、ハウスメーカーが世に送りだしている住宅の多くは切妻にしろ寄せ棟にしろ屋根を備えています。仮にフラットルーフの場合でも、バルコニーや出窓やいささか仰々しい玄関などを必ず備えています。幼稚園児でも描くような一般解としての家の要素を必ず備えているのです。あるいは大きなダイニングテーブルはどこの住まいでも家の中心を占め、家族を象徴しています。立派なキッチンユニットや大きな冷蔵庫はいまでも理想的な主婦を象徴しています。

毎回繰り返される住まい手と設計者の議論やギャップはこうした「住宅を象徴する要素」をめぐってです。多くの意識的な設計者は仰々しい大屋根や玄関とか、重々しい豪奢なダイニングテーブルやシステムキッチンを好みません。極力そうした過剰を排除して質素で飾らないデザインでまとめたいと考えます。すなわちデザインに象徴的な性格が備わらないように考えようとします。この何か象徴するものを求めるか求めないかが両者のギャップを生みだす最大の要因です。そしてこの象徴力という言葉をヴァーチャルな働きと言いかえてもかまわないでしょう。そうだとすれば多くの居住者は家になんらかのヴァーチャルなものを求め、設計者はそれを排除しようとしつづけてきた、ということになります。

問題の本質は現実の社会で多くの住まい手が求める家の象徴的働き＝ヴァーチャルな機能、がほとんど生命力を喪ってしまっているという事実です。それらは使い古された言葉のように個人の生に、あるいは家族の生になんら関わるような役割を果たしていません。正しく「ヴァーチャル・リアリティ」という言葉が世の中をまかりとおっている程度の浅薄さで住まいにおけるそれも存在しているのです。だからこそ、家族にどのような事態が生じようと、建築としての家は安泰であり、どこ吹く風といった表情で建ちつづけるのです。

人々は家にもっと奥深い生への欲求を内在させているにちがいない。それこそが「もうひとつの家」「ヴァーチャルな家」である。建築家はこの「もうひとつの家」に関わらないかぎり、住まい手とのギャップを永遠になくすることはできないであろう——

「G邸」は幸か不幸か、設計の時点から夫の死、残された家族という象徴的な問題を空間の問題として抱えこんでしまいました。残された家族の生はこの建築空間と一体化され、身体化されてしまったのです。本来ならばヴァーチャルな空間として身体から切り離されるべき存在がまともにリアルな空間として存在してしまったとも言えるでしょう。残された家族が自立し、新しい関係を求めるためには、この身体化された空間の解体は不可避であったのです。この場合空洞化した家だけが物理的に残されることはなんの意味もないことでした。「G邸」の竣工後、私はずっと「建築を開きたい、建築を軽くしたい」と言いつづけてきました。今回、ひとつの住宅の死を通して、はじめてそう言ってきたことの意味がわかったような気がしました。

迷宮の内側で「閉じられた内部」を夢中になって考えていた私は、竣工してはじめてこの家を客観的に眺めることができました。とりわけ多木氏が屋根の上で撮影された写真を見て自分でも啞然としたのです。それほどにこの家は外界から切れて存在していました。したがってなんとかして現実の世界に直接関わるように、物理的にも精神的にも空間を開かなくてはならないとその後考えたのも当然の結果でした。いったいどうやって開けばよいのだろうかと自分なりにさまざまな試みをしてきました。

「中央林間の家」（一九七九年）や「笠間の家」（一九八〇年）のように形態の操作によってふ

つうの家に近づけようとした時期もあります。また「ドミノ」（一九八一―八二年）と呼んだシリーズのように、形態はキュービックな容器に限定してプランニングや家具のデザインによって「クロワッサン」の読者に受け入れられるよう試みた時期もありました。その成果をベースにとらえて生活行為から住宅を組みあげようとした「花小金井の家」（一九八三年）や「シルバーハット」（一九八四年）のような試みもありました。ごく最近の「蓼科S山荘」（一九九六年）や「小国の家」（一九九六年）のような即物的な空間へのトライも含め、さまざまな試みはある程度まで建築を外に向かって開くことができたと思っています。しかしいつの場合にも、しょせん行き当たるのは家の備える象徴性の問題であったのです。

これらの試みすべてにおいて私は家の象徴性を消そうとしてきました。そして必ず住まい手とのあるギャップを感じつづけてきたのです。そしてこのギャップは不可避なものと考えていたのです。しかしいま私は住まい手がいつの時代にも、そしていかなる家にもある象徴力を期待していることを、そしてその問題にもっとポジティブに関わる必要のあることをはっきりと認識しました。家にはつねにヴァーチャルな何か、が求められているのです。それは家族によっても異なるでしょうし、家族をとりまく状況によっても異なると思われます。しかしどんなかたちにせよ家族が存在し、家が存在するかぎり、人々は建築にヴァーチャルな力を求めているのです。それは一般的には屋根の形態や大きなダイニングテーブルといっ

次ページ・屋根の上から見渡す

た紋切型のエレメントとして表層化されていますが、きっとその背後に言語化されないもっと奥深い生への欲求を内在化させているのではないでしょうか。

一方で住宅はたしかに現実に対して開いていなくてはならないでしょう。かつてのような地域社会は崩壊したとは言っても、家族という単位は社会に対してかつてとは比較にならない無数のネットワークによって結ばれています。さまざまな電子メディアによっても、あるいはコンビニエンスストアによっても住むという行為は外界に対して開きっ放しとさえ言えるほど開いています。家はかつてのように完結した存在でもないし、強い中心を備えた存在からもほど遠くなりつつあります。

この現実を私は建築として表現したいと考えてきました。しかし同時にひとつの住空間にヴァーチャルな力を無視することもできない、この二重性にしか現代の家はありえないのだと確信するにいたりました。「G邸」は二重性を認めず、ヴァーチャルな力のみを求めて邁進してひたすら閉じていった、それが私の住宅に関わる事実上の出発点でした。

付論

白い環

伊東豊雄

リアリティ

今日、建築をフォルムで語ることは、多少なりとも時代に反応する人びとのあいだではすでに了解事項となった。だがそれにしても、受けとる側の知性の介入に頼らないと読解不能な建築が多すぎはしないか。すなわち、言語で解説が添えられることによって、作者の意図が理解されるだけの建築であり、これは明らかに建築の堕落である。知性の乏しい建築に対して関心が薄いことはいうまでもないが、同時に知性の背後に生に根ざす感性の息づきの聞こえない遍平な建築もまた興味がない。

近代建築のボキャブラリーで、いぜんとして語られている建築の多くが魅力に乏しいことは事実であるが、かといって近代以前のボキャブラリーをいくら並べたてても、私たちが直面している問題になんらかの示唆を与えているようには思われない。

いま、何にもまして求められていることは、近代という言葉にとらわれることよりも、与えられた領域を自由に、かつ豊かに囲い、区切るというもっとも原初的な地点にまで建築行為を引き戻してとらえてみることではないか。いかに制約された条件の下でも、それが自身の存在のリアリティと向き合う地点から始まるならば、つくられた建築自体が作者のリアリティを必ずなんらかのかたちで語りだすはずである。

このようなことを思ったのは、この建築の設計のさなかであった。それまで私も、軸線とシンメトリーというフォルムの操作を手がかりとして空間の実体化を試みていた。しかし、U字型プランの中央に縦に軸線を通すことによって、湾曲した大きな壁が左右に分断されてしまう点を納得できないままに思いをめぐらしていた。それはシンメトリーの強いフォルムをもつことになっても、緩やかにまわりこんでいく壁面の美しさを断つことでもあった。軸線を貫きたいとする観念の志向と、空間の美しさを求める感性の対立の末に、私は後者を採った。

軸線をはずし、エントランスを端に寄せた瞬間から、この建築の内部は直線的な固い空間を脱し、Uの字は白い環となって私の内側でゆっくりとめぐりだし、その後の展開を暗示しはじめた。

これは設計過程の些細な発見であったが、私にとってはかなり重要な意味をもつ出来事であった。なぜならそれは、たんに空間の質の転換という事実にとどまらず、私の設計の方法にまで関わってくるほどの問題として拡がりつつあるからである。しかも、その動機が観念の操作からではなく、私の設計における内部の衝動から生じた結果であることに確かさを感じている。

流域と滞域

幅三・六メートル、天井高二・二―三・九メートル、延長約四五メートルのリニアな領域が白い環として閉じられたとき、その内側には約八〇平方メートルほどの別の領域が囲いこまれた。これらふたつの領域は、まったく異なった性質をもちながら対置されている。前者は光や空気の流れとともに、人びとも環をめぐる流動的な空間であり、後者はすべてが淀む静止の空間である。それぞれを流域（Flow）、および滞域（Lag）と呼ぶ。

流域（F）は閉じられた環であるが、それはけっして固いチューブではなく、柔らかくフレキシブルな環でなくてはならなかった。光の分布や空気の流れ具合、あるいはそこにいる人びとの状態までも含めて、時間とともに表情が変化し、その変化の様相がひとつの流れと渦のように感じられる領域、そのような領域を実体化することが私の意図であったからである。

通常、建築では目的空間がそれぞれ固定され、それらを結ぶ連結空間が設けられる。しかし、ここではごく一部の個室を除いて、そのような空間の区分はない。ひとつの流れの領域のなかに、さまざまな目的空間と連結空間が混然と溶解されてしまっている。したがって人びとはこの流域（F）のなかで多くの日常行為をおこなう、つまり住まうことになる。

この流動的な領域のなかに従来の空間単位を溶融してしまうことは、もはや建築の逸脱ではないかという疑問が何人かの人から投げかけられた。住まう場所に対する慣習的な固定観念にもとづいて建築を規定するならば、たしかにこの空間は建築を逸脱しているかもしれない。しかし個々の日常行為で要求される機能に対しては、可能なかぎりの配慮をしたことはいうまでもない。事実、採光や通風、冷暖房の断熱などに関してのクレームはこれまでのところほとんどない。であるとすると、私にとって建築をつくることは、やはり住まうことの意味を探る行為であり、それは日常行為から一歩踏みこんだところで人びとが何を求め、何を憂いているかを問い、その感情と触れあう領域を構築することに思われるのである。したがって私は、空間には抽象的なフォルムを求めるが、生活という曖昧な固定観念をむしろはずすことによって、逆に住まう行為のきわめて日常的な部分からそのような問いかけを発しうるように思う。

流域（F）が白い無機質な空間であるのに対し、滞域（L）はコンクリートの壁で囲われた黒い土の領域である。外界から二重に囲われて、ここでは空気も光も淀み、静けさが支配する。発せられた音も固く閉ざされた壁のあいだだけを直線的に行き交って戻る。すべてが一瞬のうちに認識されてしまう領域。ここから新宿の高層ビル群を見上げるとき、人は地下空間に放りこまれたような印象を抱くらしい。しかし、ここにも雑草は芽を出すし、山鳩が舞い下りる。

流域（F）と滞域（L）はたえず接しているにもかかわらず、わずかな開口部で関係をもつ以外は遠く隔てられている。したがってこの建築をコートハウスといった概念でとらえることはできないだろう。あるいはこの建築のパターンがバロックのそれに類似しているという指摘も、少しも私の感情を揺さぶることにはならない。私にとって問題とされるのは、それぞれの意味を異にするふたつの空間のありようと、その関係のみである。したがって、隔てられることによってそれぞれの領域はその性格を明確にし、領域間の関係も緊張を増すように思う。

モルフェーム（形態素）

流域（F）の実体化はさまざまなフォルムをもったエレメントの構成によってなされる。ほとんど同一断面のこの環を柔らかく閉じることは、多様なエレメントをこの環のなかにいかに分散し、配列して変化とリズムを感じさせる場所を次々に発生させうるかという操作にかかってくるといえよう。この領域には、幾種類もの半径の円弧、雁行を小刻みに繰り返す壁、三つのタイプを異にするスカイライト、複数のアルコーブ、空間を横断する蛍光灯の光のライン、円形の大理石のテーブルなどのエレメントがそのような意図から組み合わされて配置された。

雁行する壁はもはや壁というよりも、たんにリズムをつくりだすためのフォルムとしてあるし、スリットに切られたスカイライトや蛍光灯も明るさの確保という目的から離れて、このゾーンを横断する光の線分というフォルムとしてのみある。また大理石の大きなテーブルもその機能としてではなく、いくつも重なりあう円弧のひとつとして空間に運動感覚を与えるフォルムという意味だけを取りだすことができる。

これらのエレメントが既存の意味から切り離されて、たんなるフォルムの群として集積されるとき、それらをさしてモルフェーム（形態素）と呼ぶことができよう。機能や合理性という意味を離れ、なんらの情感をも伴わずにただフォルムの単位としてのみ浮遊するモルフェームという概念を、私は領域の分節における道具として据えたいと思う。もしもモルフェームの配列という操作によって、空間にリズムや運動感覚を刻みこむことができるならば、空間の分割、あるいは連結という従来のプランニングの方法は、このモルフェームの配列というまったく異なる操作へと転換されうるかもしれない。その操作はおそらく、現代音楽のグラフィックスコアをしるすように、ニュートラルな記号を分布する行為となるにちがいない。しかし私は、いまこの新しい概念にたどりついたばかりであり、このことを系統的に方法論として記述できる時期にはない。新しいモルフェーム自体の発見も課題であるし、それらを配列し、統合していく構造を見いだすこともこれからの作業である。そしてこの構造を見いだしていく過程では、都市の表徴という以前からの主題もおそらく関わってくるであろう。

R・マイヤーらニューヨークスクールの建築家たちがル・コルビュジエの建築を純粋にフォルムとして分析し、構成しようとするエレメントもモルフェームと呼びうるだろう。それらエレメントの構成方法の独自性により、彼らは現代に意味をもつ建築をつくりあげているが、私の場合、モルフェームは自己の記憶や意識に留められている風景や造型から抽象されたフォルムでなくてはならない。それはモルフェーム自体も、またそれらの関係もともに私の現在の存在とどこかで確実に向かいあっていたいという思いによっている。都市の表徴という主題も、とくにこの点に関係してくるのだが、住宅という建築の小さな領域に都市というとらえどころのない存在を印そうとすることには、あるいは唐突でスケールアウトな印象を抱かれるかもしれない。しかし私は、都市のモデルとして建築をとらえようとしているのではもちろんないし、都市の部分の形態をアナロジカルに写そうとしているのでもけっしてない。ただ私の日常はすべて都市の内でなされており、そこでの具体的な事象の数々は都市との関わりとして私の内部に積層され、私の身体のリズムや運動感覚にまで浸透しているといってもよいであろう。このように身体化された感覚を建築のなかに表現することが、私にとって都市を印す意味となる。建築家たちはしばしば自然と建築のつながりを探り、日本や西洋の歴史的建築に自己の建築を重ねようと試みる。だが今日、自然や歴史は知識や感傷の対象ではありえても、私の身体のリズムを形成することはない。それはやはり現実の都市と私との個別な関わりによって形成されたとしかいいようがない。

曲面

流域（F）はリニアなゾーンであるとはいうものの、壁面の湾曲していることがこの領域の性格を大きく支配していることは間違いない。

曲面はまず動きを誘発する。直線的に延びたり、直角に折れたりするのではなく、緩くカーブを描くことによって、視覚は絶え間なく変化し、前方の空気は一挙に姿をあらわすのではなく、徐々にその全貌をあらわす。人は光や空気や音の流れをまず先に感じとって、前方に広がる領域の気配を察し、この気配を頼りにして目的の空間へと歩を進める。

人はこの領域をめぐるとき、表情を異にしながらも明確な境界をもたずに重なりあう場所を次々にかすめるのだが、この時この領域にあてどないという印象をもつようである。

流域（F）のこのあてどない印象は、領域を決定づけているふたつの曲面（R_1=7.65m, R_2=4.05m）のほかに、モルフェームとして用意された幾種類かの円弧が交錯することでつくられているように思う。ふたつの個室へまわりこむためのR_3=1.98mの四分の一円の壁、R_2=4.05mの円弧に連なりながら、逆に内側に巻きこむように湾曲した壁面、壁と天井とを連続的に一体化するための小さな曲面、さらにはR_4=0.85mのテーブルの円弧、このようにひとつの大きな円弧が次々にさまざまな半径の円弧を引きだし、それらはたがいに干渉しはじめて流域（F）に渦が形成されていく。

最近の住宅では、曲面の用いられることはさしてめずらしくもないが、この場合のように幾種類もの曲面が内部で干渉しあったり、流域（F）と滞域（L）を隔てるR_2の壁面のように、曲面の外側がインテリアとして利用される例は少ないように思われる。

しかしなんといっても、流域（F）にもっとも強い影響をもたらしているのはいちばん大きなR_1の曲面であろう。人びとがこの領域を歩くとき、たえず眼に入ってくるのはこの開口のない壁面である。この領域が実際の断面以上に大きくみえるのも、この視覚上の効果によっている。この曲面はまた、光や影を映すスクリーンでもある。光や影までも歪めてしまう曲面、平面ではコンパスによってただ機械的に描かれる円弧が、曲面として立ち上がってくるとき、それは幾何学としてではなく、空間の作用として人びとに働きかける。曲面はまったく予期しないさまざまな効果をもたらすモルフェームであることを知った。

光および影

流域（F）には三つのスカイライトと、滞域（L）に面した四つのサイドライトがある。これらの開口の位置や形状、大きさの相違は、この閉じた環に引きこまれる光の量や、強さ、柔らかさ、色あいなどに変化を与え、領域にリズムを与えるうえでもっとも重要な要素となっている。

たとえばひとつのスカイライトは大きな曲面の中途を横断する幅四五センチのスリットであり、このスリットと同種のものは、私の以前の作品にも用いられたことがある。しかし、ここでは二枚の曲面の壁のあいだに切られたことによって、予期しないほどにその形状を変えながら、終日、光の軌跡を壁や床に映すことになった。晴れた早朝には日本刀のように細く、わずかに反りをもった光の亀裂を、そして次第に太く強い直線的な帯となって壁から床に折れ、ふたたびその幅を狭めつつ、西日を映して帯を閉じる。閉じた後には外界の空気の色だけを淡く伝える。

他の六つのスカイライト、およびサイドライトはこれほど明確ではないが、それぞれに太陽の位置と強さに応じた明暗や色あいを壁や床に反映する。

このように季節や時刻によって絶え間なく変わる光の明暗分布を、私は何枚かの平面にプロットしたいと考えている。なぜなら、白い紙の上に記号の分布としてプロットされるような透明で抽象的な光の領域をつくりたいと思うからである。この建築にも開口部から遠い暗い領域はあるのだが、かつて日本の空間にあったといわれる秘めやかな闇を、ここに人びとが感ずることはないであろうし、それは私の意図からも遠い、また、ろうそくのゆらめきを伝えるような薄明かりもここにはない。ろうそくに代わるものは、直径二〇ミリの光のラインであり、それもまた私の現在の志向をかなり正確に反映しているように思う。

建築のつくられていく現場には、私にとって楽しい発見が少なくない。採り入れられた円弧のいくつかも建設されていく過程のなかで見いだされたものであるし、この曲面の壁に人びとの影を映そうと思いたったのも工事がかなり進んでからである。壁や天井の仕上げをおこなうために組まれた足場板の影が、床に無雑作に置かれた複数の投光器によって湾曲した壁面にいくつもの弓型となって映しだされていたことからヒントを得た。

夜ここを歩く人は、床に設置された三つのスポットライトによって、大きさと色とを異にしながら重なりあう自己の三つの影と戯れることになる。しかしこの仕掛けは、私にとっては戯れという以上の意味をもっている。私が白い壁に期待するのは、家としての生活の重苦しい歴史を伝えることではなくて、人間の姿までも跳梁する仮象としてプロットしてしまう軽やかさでしかないからである。

光や影の映像はこの空間に絵画をかける必要をなくしたように思う。建築をただフォルムとしてとらえようとしている私にとっては、それはむしろ当然のことである。

白

私が流域(F)をすべて白で仕上げたのは、やはりそこにはさまざまな記号の分布がプロットされる白紙のごとき領域を設定したかったからにほかならない。そこに私が求めたのは、何も伝えない白であり、白が空無として受けとられる白であった。

だが、白ほど意味が添えられ、汚れやすい色もない。それはすぐ輝きを帯びてしまうし、ともすると感傷を伴った甘美さを備えてしまう。サヴォア邸（ル・コルビュジエ、一九三一年）の白であれ、シュレーダー邸（ヘリット・リートフェルト、一九二四年）の白であれ、あるいは紺碧の海の向こうに強い陽ざしを受けるミコノスの建築群の白であれ、白さはつねにウェディングドレスや溶けやすい雪の白さと重なりあってしまう。文学にも絵画にも、そして建築にも白ほど多くの思惑を込めて使われた色もないであろう。そのことを十分承知したうえで、なお私は白を使う。白は私にとって甘美であるどころか、畏怖の念を抱かせてしまう。なぜなら白は白を呼ぶからである。曲面が曲面を喚起したごとくに、そのような魔力を白は秘めているように思う。

実際、私は当初この流域（F）をこれほどまで白で埋めるつもりはなかった。しかしひとたび白が表現されはじめると、それはすべてを抑制してしまう。白さが増せば増すほど、残された部分はフォルムのみの領域における異質の存在として、逆に強い意味を帯びて浮かびあがってくる。漂白という作業はまったく自己のリアリティが試されているような恐ろしさを感じさせずにはおかない。

マレーヴィッチが一九一八年に白の上の白い正方形を描いたことはまさに象徴的な出来事である。ここでもかつて黒く、あるいは赤く描かれていた正方形のフォルムまでもが白のなかに消え去ろうとしている。わずかにその存在の影だけをとどめている白い領域。この極限の表現は思考の操作の結末という以上に、ひとりの芸術家の存在のリアリティの証であったにちがいない。

私は流域（F）をすべて白で埋めたが、この建築の外部まで白によって覆うことはけっしてしなかった。外部に用いられている白といえば、エントランスの扉などごく一部であり、これは内部の白を暗示させるためである。この建築に関してのフォルムの操作は内部に限られており、したがって外部を白で覆う必要はなかったからである。白が氾濫すればこそ、白の意味が問われねばならない。

（「新建築」一九七六年十一月号）

「中野本町の家」データ

所在地　東京都中野区本町
施主　後藤暢子
主要用途　専用住宅
家族構成　母＋子供ふたり
設計
　建築　伊東豊雄
　　共同設計者　祖父江義郎
　　　　　　　　石田敏明
　構造　田中実
　設備　貝塚正光
　家具　ロココ
施工　明石建設
敷地面積　三六七・六一
建築面積　一五〇・九七
延床面積　一四八・二五
　一階　一四八・二五
規模　地上一階
軒高・最高の高さ　四・六〇

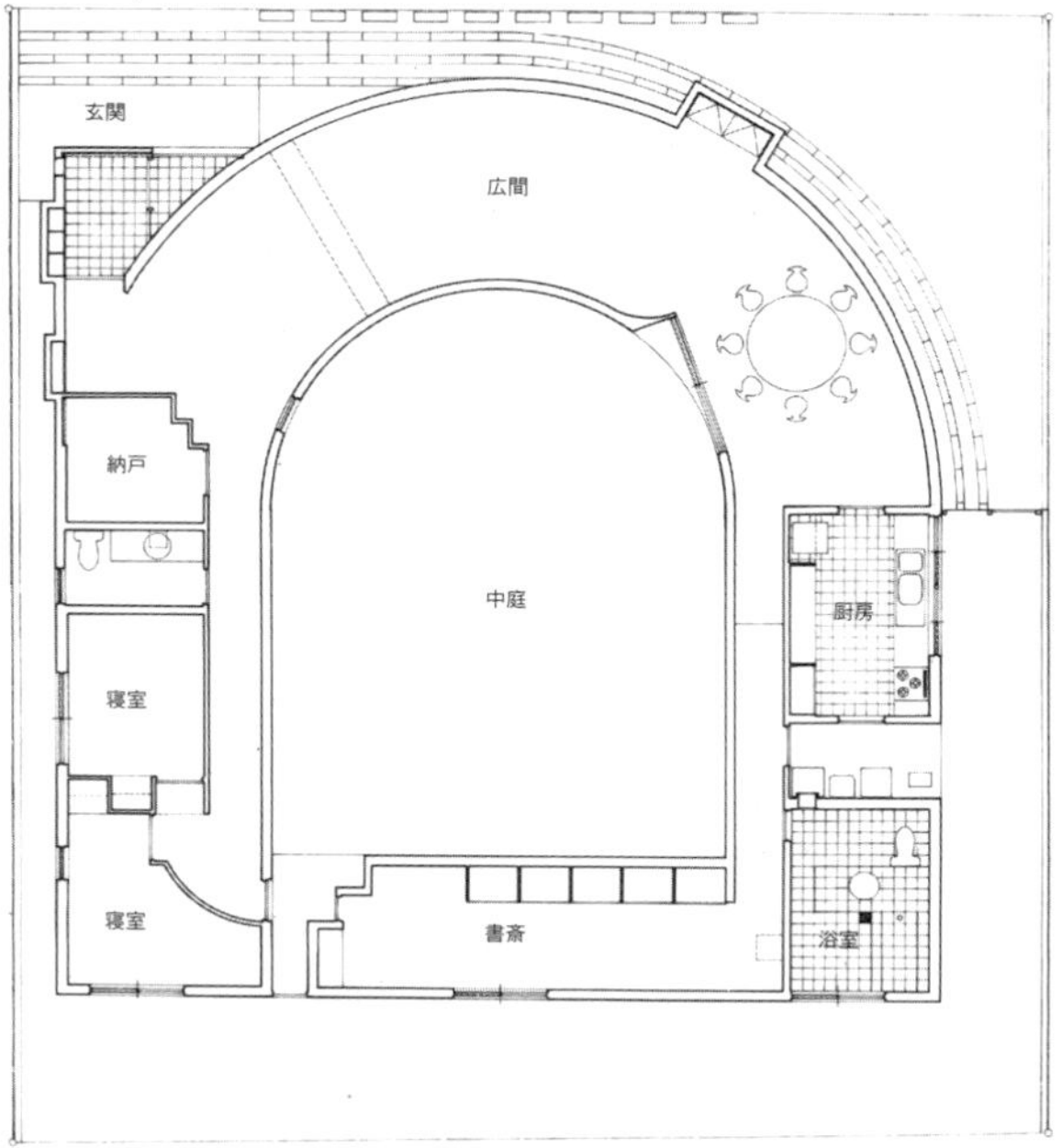

配置　1階平面図

地域地区　第二種住居専用地域
　準防火地区
道路幅員　北　六・〇〇
駐車台数　一台
おもな仕上げ
　屋根　ウレタン塗布防水
　外壁　コンクリート打ち放しのうえ
　　ケミストップ塗布
　建具　外部　既製アルミサッシュ　鋼製扉
　　内部　木製
構造　鉄筋コンクリート造
設備　空調方式　パネルヒーティング
　　ヒートポンプ式パッケージエアコン
　熱源　電気　ガス
設計期間　一九七五年九月—一九七五年十二月
工事期間　一九七六年一月—一九七六年五月

＊　初出雑誌
「新建築」一九七六年十一月号
「建築文化」一九七六年十一月号
「ジャパン・インテリア」一九七七年四月号
「JA」一九七七年四月号

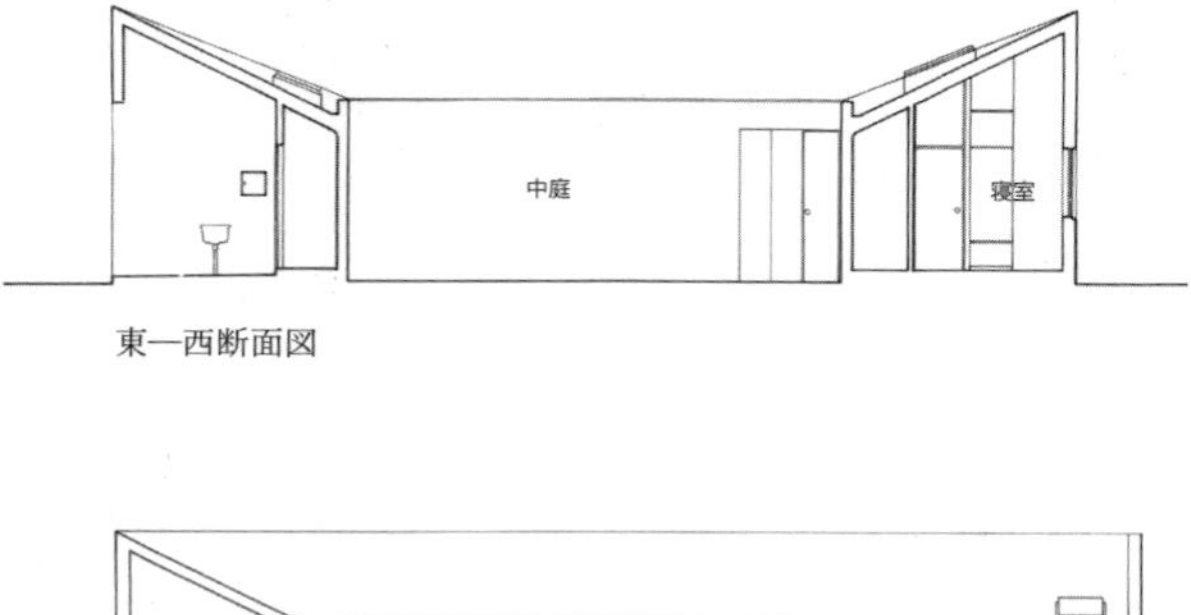

東—西断面図

南—北断面図

あとがき

一九七六年に新築して引っ越したわが家は、まもなく建築家やマスコミの方々から「中野本町の家」と呼ばれるようになった。「ちょっと見せて」と言って訪れる来客は日増しに増えて、あれはいつのことだったろうか、ついに二台の貸し切りバスを連ねてきた。聞けば「都内現代建築ツアー」である由。さすがにそのときはびっくり仰天して、広いようでいてワンルームの、どこが客間だか食堂だか寝間だか、といった居宅の内実までごらんに入れるのは勘弁していただいた。

この本のインタビューは、もともと「中野本町の家」の設計者で施主の実弟にあたる伊東豊雄の「なぜ出て行くの?」という率直な問いに答えるためのものであった。彼の希望で私たち三人は前もって何ひとつ談合せず、個別に鈴木明さんのインタビューに応じた。しばらくして収録されたビデオが届けられ、三人が顔をそろえてそれを見た晩、ほかのふたりが何をしゃべったかをそれぞれにはじめて知った。けっして短くない歳月を一緒に暮らしたのに、家族とはこんなに思い思いに生きるのか、と、その晩、三人ともに想いを深くしたのだった。

「住む」ことを語るには、本来ならば自分の仕事や生活の総体のなかでそれを意識化するしかない。だがこのインタビューは、もともとごく内輪の問いと答えである。ひとりの建築家に向かって、彼の作品の住み手でありつづけることができなくなった施主とその家族が、自分たちの真実を告げているにすぎない。その真実が、せめて自分たちの住宅をつくって住み尽くした一家族の体験談として通用するものでありますように。

私たちをたくみに語らせてくださった建築・都市ワークショップの鈴木明さん、立派な本にしてくださった「住まいの図書館出版局」編集長の植田実さん、中野照子さん、ほんとうにありがとうございました。

一九九七年九月

後藤暢子
後藤幸子
後藤文子

新版あとがき

「中野本町の家」は一九七六年に完成し、一九九七年に解体された。それからほぼ二十年後の二〇一六年に台湾のオペラハウス「台中国家歌劇院」がオープンした。完成したばかりのオペラハウスの内部を歩きながら、なぜか私は「中野本町の家」の空間を想い起こしていた。規模も違うし、用途も異なるにもかかわらず、ふたつの建築のあいだにはどこか共通する空間がある。

純白の曲面ばかりでつくられた空間、光や音が遠くからまわりこんでくる空間、地上にありながら地下を想わせる空間など……。

しかし振り返ってみれば、それはただふたつの作品に共通する空間というだけではなく、「中野本町の家」以降の私の建築すべてに通底する志向であった。すなわち機能に従って閉じられた空間（部屋）をつくるのではなく、連続する流動的な空間をつくることである。流動的な空間をつくろうと思い立ったのは「中野本町」がはじめてであった。それもプランを考えている過程でのふとした思いつきからであった。その詳細はプランの変遷を見ていただければおわかりのとおりだが、思いつき程度の変更が自分の生涯の建築空間の根底を築くとは当時思いもよらなかった。ただこの変更が論理的な理由からではなく、身体的な欲求にもとづいていた事実は大きな意味をもったように思う。身体に関わる志向であったので自身の空間の根幹に触れたからである。

かくして「中野本町の家」のプランを考えている際の些細な思いつきから生じた「流動的空間」は今日まで変わらぬ自分の身体的空間を形成している。

しかし二枚の曲線を描く壁と片流れの屋根とでつくられたチューブ状の空間は流動的な空間を生みだすにとどまらなかった。屋根に設けられたいくつもの開口、中庭に向けられた壁の開口などによって生まれる光の明暗を助長し、光のリズムを際立たせるために小さな円弧などが導きだされた。大きな円弧のなかに生ずる小さな円弧、それは水の流れのなかの「淀み」の空間を生みだすことになった。

「流れ」と「淀み」の空間は、建築というよりもかつての日本庭園の空間に近いかもしれない。日本庭園はいい意味で曖昧な空間である。回遊式庭園の動線は一応想定されてはいるのだが、けっして強制的ではない。周遊の過程には随所に「淀み」の空間としての休憩所、茶室、樹木の下のベンチなど人々が思い思いに滞留する場所が用意されている。人々の選ぶ道筋によって、人それぞれ独自の軌跡を描く空間がつくられる。建築においてもそんな自由度の高い空間をつくりたい、といつも思っている。

最近故多木浩二氏によって撮影された「中野本町の家」の写真を久々に見た。何百枚もの写真のなかで、私の心に強く焼き付いている二枚の写真がある。一枚は屋根の上で撮られたもので、中央の水平線で上下ふたつの世界にはっきり分かれ、上部には日常的な都市の風景、下部には抽象的なこの家の屋根が写し出されている（本書一六三ページ）。他の一枚は内部の写真で、純白の空間をふたりの少女（住まい手の子供で当時小学生）が駆けていく姿が写されている（同一八九ページ）。

これら二枚の写真が語るのは、この家がいかに非日常的な空間でつくられた家であったか、ということである。本書のなかで住まい手が語っているように、この家は特殊な状況の下でつくられた異常に閉鎖的な空間であった。当時はその閉鎖性に対する批判もあって、私自身もっと開いた建築をつくりたいと考えていたのだが、いまになって思うと、この住宅の美しさはその閉鎖性にこそあったのではなかったか。

特殊な状況にあった住まい手が非日常的な空間の美しさを求めてつくられた家が、二十年後に今度は住まい手が日常性を求めて解体される、この状況の変化を建築家としてはどう受けとめればよいのであろうか。

この家が壊された日、私はその現場に立ち会っていた。パワーショベルの動きとともに、白い空間が瞬く間に瓦礫の山に変わっていく姿は悪夢を見ているようであった。二十数年前の悪夢は昨日のことのように私の脳裡を横切る。もし建築に命があったとしたら、自分はなぜ命を絶たれなくてはならないのかと悲痛な叫びをあげたにちがいない。

それは保存か解体かというたぐいの問題とはまったく関係がない。住まい手にとっていかに正当な理由があったとしても、みずからが設計した建築の死はあまりにも傷ましい。

二〇二四年五月五日

伊東豊雄

解説

西沢立衛

「中野本町の家」という名前の、建築と書籍がある。建築のほうは、世界的建築家である伊東豊雄氏が三十代のころ実姉のために設計した住宅建築作品である。White Uと呼ばれることもある、円環状の白い空間が中庭をとりかこむ構成の中庭式住宅であり、わが国で建築設計を志す人間であれば、知らない者はいないのではないだろうか。この建築は一九七六年に中野本町の住宅地の一角に建設され、その後約二十年にわたって、本書の著者である後藤暢子氏、後藤幸子氏、後藤文子氏の三氏によって住まわれた後に、一九九七年にその役割を終えて解体された。それを機に三氏へのインタビューがおこなわれ、それらに伊東氏の論考を加えて書籍としてまとめられることとなった。それが書籍のほうの「中野本町の家」、つまり本書である。

本書の初版は一九九八年で、これが世に出たときはたいへん話題になった。いろんな感想と意見があったが、なかでもひときわ大きかったこととして、正反対と言えるくらいに対比的なふたつの「中野本町の家」のイメージを本書が提示したことへの驚きというものがあった。そのふたつとは、実際に読んでいただくのがもっとも的確に理解できると思うが、簡単に言えば「中野本町の家」という建築がひとつの家族が住み生きた、人の家であり、同時にそれは建築家が創造した芸術作品でもあるという、そういうふたつの姿だ。本書の構成としては、まず三人の住まい手のインタビューが中心に置かれて、長くこの家に住んだ立場からの視点が描かれる。その次に栞という形で伊東氏の論考が置かれ、設計者の視点が描かれる。そのふたつのコントラストのあざやかさが読者を驚かせる。またコントラストはひとつだけではなく、いくつもあらわれてくる。たとえば後藤暢子氏は、設計者がチューブ状の空間の「緩やかな曲線を描く屋内空間の「運動性」をつよく意識」していたのに対して、氏はむしろ「家の中をぐるぐる歩いてゆく動きよりも中庭の「中心性」を、鮮明に感じとって」いたと述べる。ここには、流れるような動的空間かまたは静的な一中心空間かという、ふたつの異なる空間図式がある。伊東氏も暢子氏も同じ円環的図形を見ているのだが、そこから読みとる意味が両氏でまったく対比的なものになっている。また両氏は「中野本町の家」を閉鎖的で独立的な建築とみなす点でおおむね一致しているが、それに対して後藤文子氏は、「街に住む」という視点を提示する。家に住みまた街に住むというふたつによって、この家に開放性と連続性を見いだし、家の存在に新たなイメージの広がりを与える。このような対比の群の連続と展開が読者を引きこんでゆく。対比は設計者と住まい手のあいだだけではなく、住まい手三者のあいだにもあらわれる。家の中心を中庭に見る暢子氏に対して、後藤幸子氏は台所を家の中心ととらえる。また幸子氏はこの家を「墓石」と形容し、家と墓という真逆なふたつの対比をつくりだす。さらに時間的な対比がある。建設当時の「中野本町の家」の写真が出てきて、また解体時の「中野本町の家」の写真が出てくる。そのふたつには二十年の時の隔たりがあり、暢子氏は建設当初にありえた家と自身の一体性と、二十年後の家と自身の乖離とを語っている。これに応答するように、伊東氏の論考二本、つまり建設時に書かれた一本と、解体時に書かれた一本の対比が置かれる。本書が「中野本町の家」という名前となって、「中野本町の家」の名をもつ存在がふたつになったことも、この物語にとってたいへん象徴的な対比だ。これらの対比の群の連続と展開が、読者である私たちに家という存在の多様さと深さを伝える役割を果たす。

今回私は本書を読んで、家と人間の深く強い関係というものをあらためて感じることになった。住宅建築はたんなる構造物で、ただの住む容器でしかないのに、というかそれだからこそ、家と人間は心的に、また物的に交流しあい、おたがいに影響しあう。つまりそれは、どういう人間が住むかによって、家のありようは変わってしまう、ということでもあるかもしれない。また逆に、人間はどの家とつきあうかによって、人間のありようが変わってしまう、ということでもあるかもしれない。もしかしたらそれは、生涯を大陸で生きた人間と、島国で暮らしつづけた人間とでは、まったく異なる人間になるのにも似ているかもしれないし、あるいは、人間が関わらない山と関わりつづける山との違いにも似ているかもしれない。ここで私がある驚きをもって受けとめるのは、このような家と人間の心的な交流関係が起きるのは住まい手と家のあいだだけではないということだ。設計者である伊東氏の論考「住宅の死をめぐって[1]」は説得力があり、もはや栞という枠組みには収まらない大きさでもって、読む人間を引きこむ。そこには家と人の、他の家もしくは他の人ではけっして再現できないような唯一無二の関係がある。「中野本町の家」の後、伊東氏の建築は社会に向けて開かれてゆく方向に向かい、また同時に「台中国家歌劇院[2]」をはじめとした、内向的で流動的な建築に向かっていったことを、建築の世界に属する私たちは見てきた。その歴史を思うとき、また近年刊行された『青華――伊東豊雄との対話[3]』の最終章において「中野本町の家」の平面が氏の故郷である諏訪の図形と同型的であることが示されるとき、この「中野本町の家」は伊東氏が回帰すべき原点かつめざすべき未来としての地位を獲得したかのように私には感じられる。家と人はこのような形で、おたがいの過去と未来の両方を再創造しあうという形で深くやりとりしあい、関わりあうものなのだ。

私は本書を読みながら、かつてマルティン・ハイデガー(4)が述べた、建てるということは住むことの一部であり、住むということは私たちがこの地上に存在するその仕方のことなのだという短い言葉を思い出した。ハイデガーはドイツの古語から出発することで、存在概念に古代的かつ詩的イメージを与えた。本書はハイデガーのその存在概念を、私たちが生きる現代社会のなかで、現代の私たちにもわかるような形で復活させようとしているように、私には感じられた。建てること、住むこと、存在することがすべて一体になっている……もしかしてそれはこの家固有のことというより、すべての家とすべての人に言えることなのだろうか。それが、私が本書を通して印象深く感じた最大のことだ。

（建築家）

注

（1）「住宅の死をめぐって」本書一二一―一六四ページ。住まいの図書館出版局の旧版ではこの論考は「栞」という位置づけで巻末に置かれていた。
（2）「台中国家歌劇院」　伊東豊雄建築設計事務所設計による大型公共コンサートホール。二〇一五年竣工。
（3）大西麻貴『青華――伊東豊雄との対話』(o+h books、二〇二二年)。
（4）マルティン・ハイデガー　ドイツの哲学者（一八八九―一九七六）。

写真提供
多木浩二　p.1, p.20-21, p.32-33, p.51, p.112-113, p.163, p.189
大橋富夫　p.4, p.38-39, p.84-85. p.196
建築・都市ワークショップ、鈴木明　p.15, p.49, p.93
後藤暢子・後藤幸子・後藤文子　p.36, p.53, p.71, p.95, p.97, p.110
藤塚光政　p.180-181
上記以外は伊東豊雄建築設計事務所提供による

著者略歴

後藤暢子（ごとう・のぶこ）　1938年京城（現ソウル市）生まれ。東京大学教養学科大学院修士課程修了（比較文化専攻）。音楽学者（日本近代音楽史）。著書『山田耕筰』（ミネルヴァ書房2014）ほか。2003年『山田耕筰著作全集』（全3巻、岩波書店2001）の編集主幹としてミュージック・ペンクラブ賞受賞。「中野本町の家」施主、設計者の姉。

後藤幸子（ごとう・さちこ）　1964年東京生まれ。早稲田大学法学部卒業。料理店、ホテル等勤務後、飲食業に多角的に従事。

後藤文子（ごとう・ふみこ）　1965年東京生まれ。慶應義塾大学文学研究科博士課程修了。慶應義塾大学文学部教授。専門は近代美術史。共著『科学と芸術』（中央公論新社2022）ほか。

伊東豊雄（いとう・とよお）　1941年京城（現ソウル市）生まれ。建築家。東京大学工学部建築学科卒業後、菊竹清訓建築設計事務所を経て71年独立。作品「中野本町の家」（1976）「シルバーハット」（1984/日本建築学会賞作品賞）「八代市立博物館」（1991/毎日芸術賞）「大館樹海ドーム」（1997/芸術選奨文部大臣賞、日本芸術院賞）「せんだいメディアテーク」（2000/日本建築学会賞作品賞）「多摩美術大学図書館（八王子キャンパス）」（2007）「みんなの森ぎふメディアコスモス」（2015）「台中国家歌劇院」（2016/村野藤吾賞）ほか。著書『風の変様体』（青土社1989）『透層する建築』（同2000年）『伊東豊雄 21世紀の建築をめざして』（エクスナレッジ2018）『伊東豊雄 美しい建築に人は集まる』（平凡社2020）『伊東豊雄自選作品集　身体で建築を考える』（同2020）ほか。ヴェネツィア・ビエンナーレ金獅子賞（2002）、王立英国建築家協会ロイヤルゴールドメダル（2006）、高松宮殿下記念世界文化賞（2010）、プリツカー建築賞（2013）、UIAゴールドメダル（2017）ほか受賞。

住まい学エッセンス
中野本町の家

2024年7月24日　初版第1刷発行

著者　後藤暢子　後藤幸子　後藤文子　伊東豊雄
発行者　下中順平
発行所　株式会社平凡社
〒101-0051
東京都千代田区神田神保町3-29
電話　03-3230-6573（営業）

協力　植田実
編集　遠藤敏之
装幀　山口信博
DTP　有限会社ダイワコムズ
印刷　株式会社東京印書館
製本　大口製本印刷株式会社

ISBN978-4-582-54361-2

落丁・乱丁本のお取り替えは
小社読者サービス係までお送りください（送料小社負担）。
平凡社ホームページ　https://www.heibonsha.co.jp/

【お問い合わせ】本書の内容に関するお問い合わせは
弊社お問い合わせフォームをご利用ください。
https://www.heibonsha.co.jp/contact/